Zoete Verleidingen

Ontdek de Magie van de Banketbakkerij

Emma de Vries

INHOUDSOPGAVE

Druipende Boerentaart 12

Amerikaanse peperkoek met citroensaus 13

Koffie peperkoek 15

Cake met gemberroom 16

Liverpool peperkoekcake 17

Havermout peperkoek 18

Kleverige peperkoek 20

Integrale Gingerbreak 21

Honing en amandelcake 22

Citroen Ijstaart 23

IJsthee ring 24

Lardy taart 26

Karwijzaadcake 27

Marmeren taart 28

Lincolnshire-laagcake 29

Gebak met brood 30

Cake met marmelade 31

Maanzaad cake 32

Yoghurtcake gewoon 33

Cake met pruimen en slagroom 34

Frambozenwafelcake met chocoladeroom 36

Zand taart 37

Zaad cake 38

Kruiden ringcake 39

Pittige Laagjescake 40

Suiker en kaneel cake 41

Victoriaanse theecake 42

Alles-in-één fruitcake 43

Alles-in-één fruitcake 44

Australische Fruitcake 45

Rijke Amerikaanse cake 46

Johannesbrood Fruitcake 48

Vruchtencake met koffie 49

Zware Cornish-cake 51

Krententaart 52

Taart van donker fruit 53

Snijd-en-kom-weer Cake 55

Dundee taart 56

Eggless Overnight Fruitcake 57

Onmiskenbare fruitcake 58

Gember Fruit Taart 60

Boerderij Honing Vruchtencake 61

Genua taart 62

Glacé Fruit Cake 64

Guinness Fruitcake 65

Gehakt taart 66

Vruchtencake met haver en abrikozen 67

Vruchtentaart 's avonds 68

Rozijnen-kruidencake 69

Richmond taart 70

Vruchtencake met saffraan 71

Vruchtencake met frisdrank 72

Snelle Vruchtentaart 73

Fruitcake met hete thee 74

Vruchtencake met ijsthee 75

Suikervrije fruitcake 76

Kleine fruitkoekjes 77

Azijn Fruitcake 78

Virginia whiskycake 79

Welse Vruchtentaart 80

Witte fruittaart 81

appeltaart 82

Gekruide appeltaart met knapperige topping 83

Amerikaanse appeltaart 84

Appelpuree cake 85

Appelcider taart 86

Appel en kaneel cake 87

Spaanse appeltaart 88

Taart van appel en sultanarozijn 90

Ondersteboven appeltaart 91

Abrikozen cake 92

Abrikozen- en gembercake 93

Abrikozen cake 94

Bananen taart 95

Bananencake Met Knapperige Topping 96

Bananen spons 97

Vezelrijke bananencake 98

Bananen-citroencake 99

Chocolade Banaan Blender Taart 100

Banaan en pindacake 101

Uitgebreide bananen- en rozijnencake 102

Taart met banaan en whisky 103

Bosbessen taart 104

Kersen geplaveide cake 105

Taart met kersen en kokos 106

Taart met kersen en sultanarozijnen 107

Cake met ijskersen en walnoten 108

Damson taart 109

Cake met dadels en walnoten 110

Citroencake 111

Sinaasappel- en amandelcake 112

Havermout cake 113

Mandarijn Mandarijn Taart Met Glazuur 114

Oranje taart 115

Perzik taart 116

Sinaasappel en Marsala Cake 117

Perzik en peren cake 118

Vochtige Ananascake 119

Ananas en kersencake 120

Geboorte Ananas Taart 121

Ananas ondersteboven 122

Ananas en walnotencake 123

Frambozen cake 124

Rabarber taart 125

Honing rabarbertaart 126

Bietentaart 127

Wortel- en bananencake 128

Wortel- en appeltaart 129

Wortel- en kaneelcake 130

Wortel- en pompoencake 131

Wortel- en gembercake 132

Wortel- en walnotencake 133

Wortel-, sinaasappel- en walnotencake 134

Wortel-, ananas- en kokoscake 135

Wortel- en pistachecake 136

Wortel- en walnotencake 137

Gekruide Worteltaart 138

Wortel en bruine suikercake 140

Cake met pompoen en erwten 141

Pompoen en sinaasappelcake 142

Pompoencake met kruiden 143

Pompoen taart 145

Pompoen Fruitcake 146

Rol met pompoenkruiden 147

Rabarber en honing cake 149

Taart van zoete aardappel 150

Italiaanse cake met amandelen 152

Amandel- en koffiecake 153

Amandel- en honingcake 154

Amandel- en citroencake 155

Amandelcake met sinaasappel 156

Rijke amandelcake 157

Zweedse pastacake	158
Kokosbrood	159
Kokos cake	160
Gouden Kokoscake	161
Kokos laag cake	162
Kokos-citroencake	163
Taart voor het nieuwe jaar met kokos	164
Kokos en sultanarozijn cake	165
Notencake Met Knapperige Topping	166
Cake met gemengde noten	167
Cake met Griekse walnoten	168
Notencake met walnoten	169
Walnotencake met chocoladecrème	170
Walnotencake met honing en kaneel	171
Repen met amandelen en honing	172
Appel- en zwarte bessenrepen	174
Abrikozen- en havermoutrepen	175
Abrikozen Crunchies	176
Bananenrepen met noten	177
Amerikaanse brownies	178
Chocolade Fudge Brownies	179
Brownies met noten en chocolade	180
Boter repen	181
Kersensnoep Traybake	182
Chocolade Traybake	183
Kaneel Crumble Laag	184
Zoete kaneelrepen	185

Kokosnoot repen 186

Broodjes met kokos en jam 187

Dadel en Apple Traybake 188

Datum plakjes 189

Oma's dating bars 190

Repen met dadels en havermout 191

Repen met dadels en noten 192

Vijgen staven 193

Flapjacks 194

Kersen Flapjacks 195

Chocolade Flapjacks 196

Fruitige Flapjacks 197

Flapjacks met fruit en noten 198

Gember Flapjacks 199

Walnoot Flapjacks 200

Pittige Citroen Shortbread 201

Mokka en kokosnoot vierkant 202

Hallo Dolly Cookies 204

Kokosrepen met noten en chocolade 205

Walnoot vierkant 206

Oranje walnotenschijfjes 207

Het park 208

Pindakaasrepen 209

Picknick plakjes 210

Ananas- en kokosrepen 211

Taart met pruimengist 212

Amerikaanse pompoenrepen 214

Repen met kweepeer en amandelen 215

Druivenrepen 217

Havermoutvierkant met frambozen 218

Druipende Boerentaart

Maakt een cake van 18 cm/7

225 g/8 oz/1 1/3 kopjes gemengd gedroogd fruit (fruitcakemix)

75 g rundvleesdruppels (bakvet)

150 g zachte bruine suiker

250 ml/8 ml oz/1 kopje water

225 g/8 oz/2 kopjes volkoren (volkoren) meel.

5 ml/1 theelepel bakpoeder

2,5 ml/½ theelepel zuiveringszout (baking soda)

5 ml/1 theelepel gemalen kaneel

Een snufje geraspte nootmuskaat

Een snufje gemalen kruidnagel

Breng in een pan met dikke bodem het fruit, het vocht, de suiker en het water aan de kook en laat 10 minuten sudderen. Laat het afkoelen. Meng de resterende ingrediënten in een kom, giet het gesmolten mengsel erbij en meng voorzichtig. Schep in een ingevette en met bakpapier beklede bakvorm van 18 cm/7 en bak in een voorverwarmde oven op 180°C/350°F/gasstand 4 gedurende 1½ uur tot het goed opgezwollen is en loskomt van de zijkanten van de pan.

Amerikaanse peperkoek met citroensaus

Maakt een taart van 20 cm/8 cm

225 g suiker (zeer fijn).

50 g boter of margarine, gesmolten

30 ml/2 el zwart (melasse)

2 lichtgeklopte eiwitten

225 g/8 oz/2 kopjes bloem (voor alle doeleinden).

5 ml/1 theelepel zuiveringszout (baking soda)

5 ml/1 theelepel gemalen kaneel

2,5 ml/½ theelepel gemalen kruidnagel

1,5 ml/¼ theelepel gemalen gember

Een snufje zout

250 ml karnemelk

Voor de saus:

100 g/4 oz/½ kopje suiker (zeer fijn).

30 ml/2 el maizena (maizena)

Een snufje zout

Een snufje geraspte nootmuskaat

250 ml kokend water

15 g boter of margarine

30 ml/2 el citroensap

2,5 ml/½ theelepel fijn geraspte citroenschil

Meng de suiker, boter of margarine en kip door elkaar. Roer de eiwitten. Meng de bloem, natriumbicarbonaat, kruiden en zout. Roer het bloemmengsel en de karnemelk afwisselend door het boter- en suikermengsel tot alles goed gemengd is. Schep in een ingevette en met bloem bestoven taartvorm van 20 cm/8 en bak in een voorverwarmde oven op 200°C/400°F/gasstand 6 gedurende 35 minuten tot een in het midden gestoken satéprikker er schoon en schoon uitkomt. Laat 5 minuten in de vorm afkoelen voordat je ze op een rooster legt om af te koelen. De cake kan koud of warm geserveerd worden.

Om de saus te maken, combineer de suiker, maïsmeel, zout, nootmuskaat en water in een kleine steelpan op laag vuur en roer tot alles goed gemengd is. Kook al roerend tot het mengsel dik en helder is. Roer de boter of margarine en het citroensap en de schil erdoor en kook tot ze gecombineerd zijn. Giet over peperkoek om te serveren.

Koffie peperkoek

Maakt een taart van 20 cm/8 cm

200 g zelfrijzend bakmeel

10 ml/2 tl gemalen gember

10 ml/2 el oploskoffiebonen

100 ml heet water

100 g boter of margarine

75 g golden syrup (lichte mais).

50 g zachte bruine suiker

2 eieren, losgeklopt

Meng de bloem en gember door elkaar. Los de koffie op in heet water. Smelt de margarine, siroop en suiker samen en roer dan door de droge ingrediënten. Meng de koffie en eieren. Giet in een ingevette en met bakpapier beklede bakvorm van 20 cm/8 en bak in een voorverwarmde oven op 180°C/350°F/gasstand 4 gedurende 40-45 minuten tot het goed bruin en veerkrachtig aanvoelt.

Cake met gemberroom

Maakt een taart van 20 cm/8 cm

175 g boter of margarine, verzacht

150 g zachte bruine suiker

3 lichtgeklopte eieren

175 g zelfrijzend bakmeel

15 ml/1 eetlepel gemalen gember Voor de vulling:

150 ml slagroom (zwaar).

15 ml/1 eetlepel poedersuiker (banketbakkers), gezeefd

5 ml/1 el gemalen gember

Klop de boter of margarine en de suiker tot een licht en luchtig geheel. Voeg geleidelijk de eieren toe, dan de bloem en de gember en meng goed. Plaats twee ingevette en beklede 20cm/8 in sandwichvormen (pannen) en bak in een voorverwarmde oven op 180°C/350°F/gasstand 4 gedurende 25 minuten tot ze goed bruin en elastisch aanvoelen. Laat het afkoelen.

Klop de room met de suiker en gember stijf en gebruik deze om de cakes samen te voegen.

Liverpool peperkoekcake

Maakt een taart van 20 cm/8 cm

100 g boter of margarine

100g/4oz/½ kopje demerara suiker

30 ml/2 eetlepels golden syrup (lichte mais).

225 g/8 oz/2 kopjes bloem (voor alle doeleinden).

2,5 ml/½ theelepel zuiveringszout (baking soda)

10 ml/2 tl gemalen gember

2 eieren, losgeklopt

225 g/8 oz/11/3 kopjes sultana's (rozijnen)

50 g gekristalliseerde (gekonfijte) gember, gehakt

Smelt boter of margarine met suiker en siroop op laag vuur. Haal van het vuur en meng de droge ingrediënten en het ei erdoor en meng goed. Roer de rozijnen en gember erdoor. Schep in een ingevette en met bakpapier beklede bakvorm (bakplaat) van 20 cm en bak in een voorverwarmde oven op 150°C/300°F/gasstand 3 gedurende 1½ uur tot het veerkrachtig aanvoelt. De cake kan in het midden iets zakken. Laat afkoelen in de pan.

Havermout peperkoek

Maakt een taart van 35 x 23 cm/14 x 9 cm

225 g/8 oz/2 kopjes volkoren (volkoren) meel.

75 g gerolde haver

5 ml/1 theelepel zuiveringszout (baking soda)

5 ml/1 theelepel wijnsteen

15 ml/1 el gemalen gember

225 g boter of margarine

225 g/8 oz/1 kopje zachte bruine suiker

Meng de bloem, havermout, baksoda, room van wijnsteen en gember in een kom. Wrijf boter of margarine erdoor tot het mengsel op broodkruimels lijkt. Roer de suiker erdoor. Druk het mengsel stevig in een ingevette vorm van 35 x 23 cm/14 x 9 en bak in een voorverwarmde oven op 160°C/325°F/gasstand 3 in 30 minuten goudbruin. Snijd in nog warme vierkantjes en laat in de pan volledig afkoelen.

Oranje peperkoek

Maakt een cake van 23 cm/9

450 g/1 pond/4 kopjes bloem (voor alle doeleinden).

5 ml/1 theelepel gemalen kaneel

2,5 ml/½ theelepel gemalen gember

2,5 ml/½ theelepel zuiveringszout (baking soda)

175 g boter of margarine

175 g suiker (zeer fijn).

75 g geglaceerde (gezoete) sinaasappelschil, gehakt

Geraspte schil en sap van ½ grote sinaasappel

175 g gouden siroop (lichte mais), opgewarmd

2 lichtgeklopte eieren

Een beetje melk

Meng de bloem, kruiden en zuiveringszout door elkaar en wrijf de boter of margarine erdoor tot het mengsel op broodkruimels lijkt. Roer de suiker, sinaasappelschil en schil erdoor en maak een kuiltje in het midden. Roer het sinaasappelsap en de verwarmde siroop erdoor en klop de eieren erdoor tot een gladde massa, voeg eventueel een beetje melk toe. Klop goed, schep dan in een ingevette bakvorm (bakplaat) van 23 cm en bak in een voorverwarmde oven op 160 °C/325 °F/gasstand 3 gedurende 1 uur tot ze goudbruin en elastisch aanvoelt.

Kleverige peperkoek

Maakt een cake van 25 cm/10

275 g bloem (voor alle doeleinden)

10 ml/2 theelepel gemalen kaneel

5 ml/1 theelepel zuiveringszout (baking soda)

100 g boter of margarine

175 g golden syrup (lichte mais).

175 g stroopmelasse

100g/4oz/½ kopje zachte bruine suiker

2 eieren, losgeklopt

150 ml heet water

Meng de bloem, kaneel en zuiveringszout door elkaar. Smelt de boter of margarine met de siroop, siroop en suiker en giet dit bij de droge ingrediënten. Voeg de eieren en het water toe en meng goed. Giet in een ingevette en met bakpapier beklede bakvorm van 25 cm/10 cm. Bak in een voorverwarmde oven op 180°C/350°F/gasstand 4 gedurende 40-45 minuten tot ze goed bruin en veerkrachtig aanvoelen.

Integrale Gingerbreak

Maakt een cake van 18 cm/7

100 g bloem (voor alle doeleinden).

100 g volkorenmeel (volkorenmeel).

50 g zachte bruine suiker

50 g sultana's (rozijnen)

10 ml/2 tl gemalen gember

5 ml/1 theelepel gemalen kaneel

5 ml/1 theelepel zuiveringszout (baking soda)

Een snufje zout

100 g boter of margarine

30 ml/2 eetlepels golden syrup (lichte mais).

30 ml/2 el zwart (melasse)

1 lichtgeklopt ei

150 ml melk

Meng de droge ingrediënten door elkaar. Smelt de boter of margarine met de stroop en stroop en meng deze met het ei en de melk door de droge ingrediënten. Schep in een ingevette en met bakpapier beklede bakvorm van 18 cm/7 en bak in een voorverwarmde oven op 160°C/325°F/gasstand 3 gedurende 1 uur tot het veerkrachtig aanvoelt.

Honing en amandelcake

Maakt een taart van 20 cm/8 cm

250 g wortelen, versnipperd

65 g amandelen, fijngehakt

2 eieren

100 g pure honing

60 ml/4 el olie

150 ml melk

100 g volkorenmeel (volkorenmeel).

25 g bloem (voor alle doeleinden).

10 ml/2 theelepel gemalen kaneel

2,5 ml/½ theelepel zuiveringszout (baking soda)

Een snufje zout

Citroen Glace Crème

Een paar geschaafde (gehakte) amandelen voor garnering

Meng de wortels en walnoten door elkaar. Klop de eieren los in een aparte kom en meng de honing, olie en melk erdoor. Meng de wortels en walnoten erdoor en voeg dan de droge ingrediënten toe. Schep in een ingevette en met bakpapier beklede cakevorm van 20 cm/8 (cakevorm) en bak in een voorverwarmde oven op 150°C/300°F/gasoven stand 2 gedurende 1-1¼ uur tot het stevig is, goed bruin en elastisch aanvoelt. Laat afkoelen in de pan alvorens te gooien. Besprenkel met de lemon curd en garneer vervolgens met geschaafde amandelen.

Citroen Ijstaart

Maakt een cake van 18 cm/7

100 g boter of margarine, verzacht

100 g/4 oz/½ kopje suiker (zeer fijn).

2 eieren

100 g bloem (voor alle doeleinden).

50 g/2 oz/½ kop volwitte rijst

2,5 ml/½ theelepel bakpoeder

Geraspte schil en sap van 1 citroen

100 g poedersuiker (banketbakkers), gezeefd

Klop de boter of margarine en de suiker tot een licht en luchtig geheel. Meng de eieren een voor een erdoor en klop goed na elke toevoeging. Meng de bloem, gemalen rijst, bakpoeder en citroenschil en spatel dit door het mengsel. Schep in een ingevette en met bakpapier beklede vorm van 18 cm/7 en bak in een voorverwarmde oven op 180°C/350°F/gasstand 4 gedurende 1 uur tot het veerkrachtig aanvoelt. Haal het uit de pan en laat het afkoelen.

Meng de poedersuiker met een beetje citroensap tot een gladde massa. Lepel de cake erover en laat even staan.

IJsthee ring

Voor 4-6 personen

150 ml warme melk

2,5 ml/½ theelepel droge gist

25 g / 1 oz / 2 eetlepels suiker (superfijn).

25 g boter of margarine

225 g bloem voor alle doeleinden (brood).

1 losgeklopt ei Voor de vulling:

50 g boter of margarine, verzacht

50 g gemalen amandelen

50 g zachte bruine suiker

Voor de bovenkant:
100 g poedersuiker (banketbakkers), gezeefd

15 ml/1 eetlepel warm water

30 ml/2 eetlepels geschaafde (gehakte) amandelen.

Giet de melk over de gist en suiker en meng door elkaar. Laat op een warme plaats staan tot het schuimig is. Wrijf de boter of margarine door de bloem. Giet het gist- en eimengsel erbij en klop goed. Bedek de kom met geoliede vershoudfolie (plasticfolie) en laat 1 uur op een warme plaats staan. Kneed opnieuw en vorm dan een rechthoek van ongeveer 30 x 23 cm/12 x 9 inch. Smeer het deeg in met boter of margarine voor de vulling en bestrooi met gemalen amandelen en suiker. Rol tot een lange worst en vorm een ring, sluit de randen af met een beetje water. Snijd tweederde van de rol in intervallen van ongeveer 1½/3 cm en leg ze op een ingevette bakplaat. Laat 20 minuten op een warme plaats staan. Bak in een voorverwarmde oven op 200°C/425°F/gasstand 7 gedurende 15 minuten.

Meng ondertussen de poedersuiker en het water tot een glazuur. Als het is afgekoeld, verdeel het over de cake en decoreer met gemalen amandelen.

Lardy taart

Maakt een taart van 23 x 18 cm/9 x 7 cm

15 g/½ oz verse gist of 20 ml/4 eetlepels droge gist

5 ml/1 theelepel suiker (zeer fijn).

300 ml warm water

150 g reuzel (bakvet)

450 g bloem voor alle doeleinden (brood).

Een snufje zout

100 g sultana's (rozijnen)

100 g pure honing

Meng de gist met de suiker en een beetje van het warme water en laat 20 minuten op een warme plaats schuimen.

Wrijf 25 g vet door de bloem en het zout en maak een kuiltje in het midden. Giet het gistmengsel en het resterende warme water erbij en kneed tot een stevig deeg. Kneed tot een gladde en elastische massa. Doe ze in een met olie ingevette kom, dek af met met olie ingevette huishoudfolie (plasticfolie) en laat ze ongeveer 1 uur op een warme plaats staan tot ze verdubbeld zijn.

Snijd de overgebleven sjalot in blokjes. Kneed het deeg opnieuw en rol het uit tot een rechthoek van ongeveer 35 x 23 cm/14 x 9 inch. Bedek de bovenste tweederde van het deeg met een derde van het vet, een derde van de rozijnen en een kwart van de honing. Vouw het platte derde deel van het deeg over de vulling en vouw vervolgens het bovenste derde deel eroverheen. Druk de randen tegen elkaar om ze te verzegelen en draai het deeg vervolgens een kwartslag zodat de vouw naar links is. Open het en herhaal het proces nog twee keer om alle hal en rozijnen te gebruiken. Leg ze op een ingevette bakplaat en kerf er met een mes een kruispatroon op. Dek af en laat 40 minuten op een warme plaats staan.

Bak in een voorverwarmde oven op 220°C/425°F/gasstand 7 gedurende 40 minuten. Sprenkel de resterende honing erover en laat afkoelen.

Karwijzaadcake

Maakt een taart van 23 x 18 cm/9 x 7 cm

450 g basisdeeg voor witbrood

175 g reuzel (bakvet), in blokjes gesneden

175 g suiker (zeer fijn).

15 ml/1 eetlepel komijnzaad

Bereid het deeg voor en rol het op een licht met bloem bestoven werkvlak uit tot een rechthoek van ongeveer 35 x 23 cm/14 x 9 inch. Verf de bovenste tweederde van het deeg met de helft van het bakvet en de helft van de suiker, vouw dan dat gewone derde deel van het deeg eroverheen en vouw het bovenste derde deel eroverheen. Laat het deeg een kwartslag draaien zodat de vouw naar links is, vouw het dan weer open en besprenkel op dezelfde manier met het resterende vet en suiker en karwijzaad. Vouw het nogmaals dubbel, vorm het dan zodat het in een blik (pan) past en rasp de bovenkant in ruitvormpjes. Dek af met geoliede vershoudfolie (plasticfolie) en laat ongeveer 30 minuten op een warme plaats staan tot het verdubbeld is in volume.

Bak in een voorverwarmde oven op 200°C/400°F/gasstand 6 gedurende 1 uur. Laat 15 minuten afkoelen in de vorm om het vet in het deeg te laten trekken en stort dan op een rooster om volledig af te koelen.

Marmeren taart

Maakt een taart van 20 cm/8 cm

175 g boter of margarine, verzacht

175 g suiker (zeer fijn).

3 lichtgeklopte eieren

225 g zelfrijzend bakmeel

Enkele druppels amandelessence (extract)

Een paar druppels groene kleurstof

Een paar druppels rode kleurstof

Klop de boter of margarine en de suiker tot een licht en luchtig geheel. Klop geleidelijk de eieren erdoor en giet dan de bloem erbij. Verdeel het mengsel in drieën. Voeg de amandelessence toe aan een derde, de groene kleurstof aan een derde en de rode kleurstof aan het resterende derde. Schep royale lepels van de drie mengsels om en om in een ingevette en met bakpapier beklede cakevorm van 20 cm/8 en bak in een voorverwarmde oven op 180°C/gasstand 4 gedurende 45 minuten tot het goed gerezen en elastisch is. de aanraking.

Lincolnshire-laagcake

Maakt een taart van 20 cm/8 cm

175 g boter of margarine

350 g / 12 oz / 3 kopjes bloem (voor alle doeleinden).

Een snufje zout

150 ml melk

15 ml/1 lepel droge gist Voor de vulling:

225 g/8 oz/1 1/3 kopjes sultana's (rozijnen)

225 g/8 oz/1 kopje zachte bruine suiker

25 g boter of margarine

2,5 ml/½ el gemalen kruiden

1 gedeeld ei

Wrijf de helft van de boter of margarine door de bloem en zout tot het mengsel op broodkruimels lijkt. Verwarm de resterende boter of margarine met de melk tot handwarm en meng er dan een beetje gist door. Meng het gistmengsel en de resterende melk en boter door het bloemmengsel en kneed tot een zacht deeg. Doe in een met olie ingevette kom, dek af en laat ongeveer 1 uur op een warme plaats staan tot het volume verdubbeld is. Doe ondertussen alle ingrediënten voor de vulling behalve het eiwit in een pan op laag vuur en laat dit staan tot het gesmolten is.

Rol een kwart van het deeg uit tot een cirkel van 20 cm/8 en besmeer met een derde van de vulling. Herhaal met de resterende hoeveelheden deeg en vulling, vul met een deegcirkel. Bestrijk de randen met eiwit en plak ze dicht. Bak in een voorverwarmde oven op 190°C/375°F/gasstand 5 gedurende 20 minuten. Bestrijk de bovenkant met eiwit en zet hem dan nog eens 30 minuten in de oven tot hij goudbruin is.

Gebak met brood

Maakt een cake van 900 g/2 lb

175 g boter of margarine, verzacht

275 g suiker (zeer fijn).

Geraspte schil en sap van ½ citroen

120 ml melk

275 g zelfrijzend bakmeel

5 ml/1 lepel zout

5 ml/1 theelepel bakpoeder

3 eieren

Icing (banketbakkers) suiker, gezeefd, om te bestuiven

Roer de boter of margarine, suiker en citroenschil tot een licht en luchtig mengsel. Giet het citroensap en de melk erbij, meng de bloem, het zout en het bakpoeder erdoor en meng tot een gladde massa. Voeg geleidelijk de eieren toe en klop goed na elke toevoeging. Schep het mengsel in een ingevette en met bakpapier beklede vorm (bakplaat) van 900 g/2 lb en bak in een voorverwarmde oven op 150 °F/300 °F/gasstand 2 gedurende 1¼ uur tot het veerkrachtig aanvoelt Laat 10 minuten afkoelen in de vorm voordat je hem laat afkoelen op een rooster. Serveer bestrooid met poedersuiker.

Cake met marmelade

Maakt een cake van 18 cm/7

175 g boter of margarine, verzacht

175 g suiker (zeer fijn).

3 eieren, gescheiden

300 g zelfrijzend bakmeel

45 ml/3 el dikke marmelade

50 g gehakte gemengde (gekonfijte) schil

Geraspte schil van 1 sinaasappel

45 ml/3 el water

Voor de crème (brica):

100 g poedersuiker (banketbakkers), gezeefd

Sap van 1 sinaasappel

Een paar plakjes gekristalliseerde (gekonfijte) sinaasappel.

Klop de boter of margarine en de suiker tot een licht en luchtig geheel. Klop er geleidelijk de eidooiers door en vervolgens 15 ml/1 el bloem. Roer de marmelade, de gemengde schil, de sinaasappelschil en het water erdoor en voeg dan de resterende bloem toe. Klop de eiwitten stijf en spatel ze met een metalen lepel door het mengsel. Schep in een ingevette en met bakpapier beklede bakvorm van 18 cm/7 en bak in een voorverwarmde oven op 180°C/350°F/gasstand 4 gedurende 1¼ uur tot het goed gerezen en veerkrachtig aanvoelt. Laat 5 minuten in de vorm afkoelen en stort dan op een rooster om af te koelen.

Om de room te maken, doe je de poedersuiker in een kom en maak je een kuiltje in het midden. Voeg geleidelijk genoeg sinaasappelsap toe om een smeerbare consistentie te krijgen. Lepel over de bovenkant van de cake en langs de zijkanten en laat zitten. Garneer met gekristalliseerde stukjes sinaasappel.

Maanzaad cake

Maakt een taart van 20 cm/8 cm

250 ml melk

100 g maanzaad

225 g boter of margarine, verzacht

225 g/8 oz/1 kopje zachte bruine suiker

3 eieren, gescheiden

100 g bloem (voor alle doeleinden).

100 g volkorenmeel (volkorenmeel).

5 ml/1 theelepel bakpoeder

Kook de melk in een kleine pan met de maanzaadjes, haal dan van het vuur, dek af en laat 30 minuten trekken. Roer de boter of margarine en suiker tot een licht en luchtig geheel. Klop geleidelijk de eierdooiers erdoor en voeg dan de bloem en het bakpoeder toe. Roer het maanzaad en de melk erdoor. Klop de eiwitten stijf en spatel ze met een metalen lepel door het mengsel. Schep in een ingevette en met bakpapier beklede vorm van 20 cm/8 en bak in een voorverwarmde oven op 180°C/350°F/gasstand 4 gedurende 1 uur tot een in het midden gestoken satéprikker er schoon uitkomt. Laat 10 minuten afkoelen in de vorm voordat je hem laat afkoelen op een rooster.

Yoghurtcake gewoon

Maakt een cake van 23 cm/9

150g pure yoghurt

150 ml olie

225 g suiker (zeer fijn).

225 g zelfrijzend bakmeel

10 ml/2 tl bakpoeder

2 eieren, losgeklopt

Meng alle ingrediënten tot een gladde massa en schep ze dan in een ingevette en met bakpapier beklede bakvorm van 23 cm/9 cm. Bak in een voorverwarmde oven op 160°C/325°F/gasstand 3 gedurende 1¼ uur tot het stevig is. Laat afkoelen in de pan.

Cake met pruimen en slagroom

Maakt een cake van 23 cm/9

Voor de vulling:

150 g pruimen (zonder pit), grof gehakt

120 ml sinaasappelsap

50 g/2 oz/¼ kopje suiker (zeer fijn).

30 ml/2 el maizena (maizena)

175 ml melk

2 eidooiers

Fijngeraspte schil van 1 sinaasappel

Voor de taart:

175 g boter of margarine, verzacht

225 g suiker (zeer fijn).

3 lichtgeklopte eieren

200 g bloem (voor alle doeleinden).

10 ml/2 tl bakpoeder

2,5 ml/½ theelepel gemalen nootmuskaat

75 ml/5 el sinaasappelsap

Maak eerst de vulling. Week pruimen minstens twee uur in sinaasappelsap.
Mix de suiker en maïsmeel tot een massa met een beetje melk. Kook de resterende melk in een pannetje. Giet de suiker en maizena erover en meng goed, doe dan terug in de afgespoelde pan en klop de eierdooiers erdoor. Voeg de sinaasappelschil toe en roer op heel laag vuur tot het dik wordt, maar laat de room niet koken. Plaats de pan in een kom met koud water en roer de room af en toe terwijl deze afkoelt.

Klop voor het maken van de cake de boter of margarine en suiker samen tot ze zacht en luchtig zijn. Klop geleidelijk de eieren erdoor en voeg dan afwisselend de bloem, het bakpoeder en de nootmuskaat toe met het sinaasappelsap. Schep de helft van het beslag in een ingevette taartvorm van 23 cm/9, verdeel de room erover en laat een opening rond de rand. Lepel de pruimen en het weekvocht over de room, bedek met het resterende cakebeslag, zorg ervoor dat het cakebeslag aan de zijkanten in de vulling zit en de vulling volledig bedekt is. Bak in een voorverwarmde oven op 200°C/400°F/gasstand 6 gedurende 35 minuten tot ze goudbruin zijn en uit de zijkanten van de pan slinken. Laat afkoelen in de pan alvorens te gooien.

Frambozenwafelcake met chocoladeroom

Maakt een taart van 20 cm/8 cm

175 g boter of margarine, verzacht

175 g suiker (zeer fijn).

3 lichtgeklopte eieren

225 g zelfrijzend bakmeel

100 g frambozen Voor crème (bruce) en decoratie:

Witte Chocolade Botercrème

100 g pure (halfzoete) chocolade.

Klop de boter of margarine en de suiker tot een licht en luchtig geheel. Klop geleidelijk de eieren erdoor en giet dan de bloem erbij. Pureer de frambozen en wrijf ze vervolgens door een zeef (vergiet) om de pitjes te verwijderen. We mengen de puree door het cakemengsel, zodat het in de massa knikt en niet vermengt. Schep in een ingevette en met bakpapier beklede vorm (bakplaat) van 20 cm/8 inch en bak in een voorverwarmde oven op 180°C/350°F/gasstand 4 gedurende 45 minuten tot het goed gerezen is en elastisch aanvoelt. Breng over naar een rooster om af te koelen.

Bestrijk de cake met de botercrème en maak het oppervlak ruw met een vork. Smelt de chocolade in een hittebestendige kom boven een pan met zacht kokend water. Verspreid op een bakplaat (koekje) en laat tot het bijna gaar is. Wrijf met de bovenkant van een scherp mes door de chocolade om krullen te maken. Gebruik om de bovenkant van de cake te versieren.

Zand taart

Maakt een taart van 20 cm/8 cm

75 g boter of margarine, verzacht

75 g suiker (zeer fijn).

2 lichtgeklopte eieren

100 g maïsmeel (maizena)

25 g bloem (voor alle doeleinden).

5 ml/1 theelepel bakpoeder

50 g gehakte gemengde noten

Klop de boter of margarine en de suiker tot een licht en luchtig geheel. Klop geleidelijk de eieren erdoor en voeg dan de maïsmeel, bloem en bakpoeder toe. Schep het mengsel in een ingevette 20 cm/8 vierkante pan (pan) en bestrooi met gehakte walnoten. Bak in een voorverwarmde oven op 180°C/350°F/gasstand 4 gedurende 1 uur tot het veerkrachtig aanvoelt.

Zaad cake

Maakt een cake van 18 cm/7

100 g boter of margarine, verzacht

100 g/4 oz/½ kopje suiker (zeer fijn).

2 lichtgeklopte eieren

225 g/8 oz/2 kopjes bloem (voor alle doeleinden).

25 g karwijzaad

5 ml/1 theelepel bakpoeder

Een snufje zout

45 ml/3 lepels melk

Klop de boter of margarine en de suiker tot een licht en luchtig geheel. Klop geleidelijk de eieren erdoor en spatel dan de bloem, karwijzaad, bakpoeder en zout erdoor. Roer voldoende melk erdoor om een motregen-consistentie te krijgen. Schep in een ingevette en met bakpapier beklede cakevorm (18 cm/7 inch) en bak in een voorverwarmde oven op 200°C/400°F/gasstand 6 gedurende 1 uur tot het veerkrachtig aanvoelt en vanaf de zijkanten begint te krimpen. van tin.

Kruiden ringcake

Maakt een ring van 23 cm/9

1 appel, geschild, klokhuis verwijderd en in stukjes gesneden

30 ml/2 el citroensap

25 g zachte bruine suiker

5 ml/1 el gemalen gember

5 ml/1 theelepel gemalen kaneel

2,5 ml/½ tl gemalen gemengde kruiden (appeltaart).

225 g gouden siroop (lichte maïs).

250 ml olie

10 ml/2 tl bakpoeder

400 g bloem (voor alle doeleinden)

10 ml/2 theelepels zuiveringszout (baking soda)

250 ml sterke hete thee

1 losgeklopt ei

Icing (banketbakkers) suiker, gezeefd, om te bestuiven

Meng het appel- en citroensap door elkaar. Voeg de suiker en kruiden toe, daarna de siroop en olie. Voeg het bakpoeder toe aan de bloem en het baksoda aan de hete thee. Roer deze afwisselend door het mengsel en roer dan het ei erdoor. Schep in een ingevette en met bakpapier beklede ringvorm (bakvorm) van 23 cm diep en bak in een voorverwarmde oven op 180°C/350°F/gasstand 4 gedurende 1 uur tot het gestold is en elastisch aanvoelt. Laat 10 minuten in de vorm afkoelen en stort dan op een rooster om af te koelen. Serveer bestrooid met poedersuiker.

Pittige Laagjescake

Maakt een cake van 23 cm/9

100 g boter of margarine, verzacht

100 g kristalsuiker

100g/4oz/½ kopje zachte bruine suiker

2 eieren, losgeklopt

175 g/6 oz/1½ kopjes bloem (voor alle doeleinden).

5 ml/1 theelepel bakpoeder

5 ml/1 theelepel gemalen kaneel

2,5 ml/½ theelepel zuiveringszout (baking soda)

2,5 ml/½ tl gemalen gemengde kruiden (appeltaart).

Een snufje zout

200 ml / 7 ml oz / weinig 1 kopje verdampte melk in blik

Citroen Botercreme

Klop de boter of margarine en de suikers tot een licht en luchtig geheel. Klop geleidelijk de eieren erdoor, voeg dan de droge ingrediënten en de verdampte melk toe en meng tot een gladde massa. Giet in twee ingevette en beklede taartvormen (pannen) van 23 cm/9 en bak in een voorverwarmde oven op 180°C/350°F/gasstand 4 gedurende 30 minuten tot ze stevig aanvoelen. Laat afkoelen en smeer dan de citroenbotercrème op de boterham.

Suiker en kaneel cake

Maakt een cake van 23 cm/9

175 g zelfrijzend bakmeel

10 ml/2 tl bakpoeder

Een snufje zout

175 g suiker (zeer fijn).

50 g boter of margarine, gesmolten

1 lichtgeklopt ei

120 ml melk

2,5 ml/½ tl vanille-essence (extract)

Voor de bovenkant:
50 g boter of margarine, gesmolten

50 g zachte bruine suiker

2,5 ml/½ theelepel gemalen kaneel

Klop alle cake-ingrediënten door elkaar tot een glad en goed gecombineerd geheel. Schep in een ingevette vorm (bakplaat) van 23 cm/9 en bak in een voorverwarmde oven op 180°C/350°F/gasstand 4 gedurende 25 minuten tot ze goudbruin zijn. Smeer de warme cake in met boter. Meng de suiker en kaneel door elkaar en strooi erover. Zet de cake nog 5 minuten terug in de oven.

Victoriaanse theecake

Maakt een taart van 20 cm/8 cm

225 g boter of margarine, verzacht

225 g suiker (zeer fijn).

225 g zelfrijzend bakmeel

25 g maïsmeel (maizena)

30 ml/2 lepels komijnzaad

5 gedeelde eieren

Kristalsuiker om te bestrooien

Roer de boter of margarine en suiker tot een licht en luchtig geheel. Zeef de bloem, maïsmeel en komijnzaad erdoor. Klop de eidooiers los en meng ze door het mengsel. Klop de eiwitten stijf en spatel ze voorzichtig met een metalen lepel door het mengsel. Schep in een ingevette en met bakpapier beklede vorm (bakvorm) van 20 cm/8 en bestrooi met suiker. Bak in een voorverwarmde oven op 180°C/gasstand 4 gedurende 1½ uur tot ze goudbruin zijn en beginnen te krimpen van de zijkanten van de pan.

Alles-in-één fruitcake

Maakt een taart van 20 cm/8 cm

175 g boter of margarine, verzacht

175 g zachte bruine suiker

3 eieren

15 ml/1 el golden syrup (lichte mais).

100 g geglaceerde kersen (gekonfijt).

100 g sultana's (rozijnen)

100 g rozijnen

225 g zelfrijzend bakmeel

10 ml/2 el gemalen gemengde kruiden (appeltaart).

Doe alle ingrediënten in een kom en klop tot ze goed gecombineerd zijn of verwerk ze in een keukenmachine. Schep in een ingevette en met bakpapier beklede cakevorm van 20 cm/8 (taart) en bak in een voorverwarmde oven op 160°C/325°F/gasstand 3 gedurende 1½ uur tot een in het midden gestoken satéprikker er schoon uitkomt. Laat 5 minuten in de vorm staan en leg ze dan op een rooster om verder af te koelen.

Alles-in-één fruitcake

Maakt een taart van 20 cm/8 cm

350 g/12 oz/2 kopjes gemengd gedroogd fruit (fruit cake mix)

100 g boter of margarine

100g/4oz/½ kopje zachte bruine suiker

150 ml water

2 grote eieren, losgeklopt

225 g zelfrijzend bakmeel

5 ml/1 tl gemalen gemengde kruiden (appeltaart).

Doe het fruit, boter of margarine, suiker en water in een pan, breng aan de kook en laat 15 minuten zachtjes pruttelen. Laat het afkoelen. Giet lepels eieren afwisselend met de bloem en de gemengde kruiden en meng goed. Schep in een ingevette bakvorm van 20 cm/8 en bak in een voorverwarmde oven op 140°C/275°F/gasstand 1 gedurende 1-1½ uur tot een in het midden gestoken satéprikker er schoon en schoon uitkomt.

Australische Fruitcake

Maakt een cake van 900 g/2 lb

100 g boter of margarine

225 g/8 oz/1 kopje zachte bruine suiker

250 ml/8 ml oz/1 kopje water

350 g/12 oz/2 kopjes gemengd gedroogd fruit (fruit cake mix)

5 ml/1 theelepel zuiveringszout (baking soda)

10 ml/2 el gemalen gemengde kruiden (appeltaart).

5 ml/1 el gemalen gember

100 g zelfrijzend bakmeel

100 g bloem (voor alle doeleinden).

1 losgeklopt ei

Doe alle ingrediënten behalve bloem en eieren in een pan aan de kook. Haal het van het vuur en laat het afkoelen. Meng de bloem en het ei. Doe het mengsel in een ingevette en met bakpapier beklede bakvorm (bakplaat) van 900 g/2 lb en bak in een voorverwarmde oven op 160°C/325°F/gasstand 3 gedurende 1 uur tot het goed gestold is en een spies in het midden is gestoken. schoon uit.

Rijke Amerikaanse cake

Maakt een cake van 25 cm/10

225 g rozijnen

100 g geblancheerde amandelen

15 ml/1 eetlepel oranjebloesemwater

45 ml/3 eetlepels droge sherry

1 groot eigeel

2 eieren

350 g boter of margarine, verzacht

175 g suiker (zeer fijn).

Een snufje gemalen foelie

Een snufje gemalen kaneel

Een snufje gemalen kruidnagel

Een snufje gemalen gember

Een snufje geraspte nootmuskaat

30 ml/2 eetlepels cognac

225 g/8 oz/2 kopjes bloem (voor alle doeleinden).

50 g gehakte gemengde (gekonfijte) schil

Week de krenten 15 minuten in heet water en laat ze goed uitlekken. Maal de amandelen met het oranjebloesemwater en 15 ml/1 tl sherry fijn. Klop het eigeel en de eieren door elkaar. Klop de boter of margarine en suiker romig, roer dan het amandelmengsel en de eieren erdoor en klop tot bleek en dik. Voeg de kruiden, resterende sherry en cognac toe. Zeef de bloem erdoor en roer dan de rozijnen en de gemengde schil erdoor. Schep in een ingevette cakevorm van 25 cm/10 en bak in een voorverwarmde oven op 180°C/350°F/gasstand 4 gedurende ongeveer 1 uur tot een in het midden gestoken satéprikker er schoon uitkomt.

Johannesbrood Fruitcake

Maakt een cake van 18 cm/7

450 g rozijnen

300 ml sinaasappelsap

175 g boter of margarine, verzacht

3 lichtgeklopte eieren

225 g/8 oz/2 kopjes bloem (voor alle doeleinden).

75 g johannesbroodpoeder

10 ml/2 tl bakpoeder

Geraspte schil van 2 sinaasappels

50 g walnoten, gehakt

Week de rozijnen een nacht in sinaasappelsap. Meng de boter of margarine en de eieren tot een gladde massa. Roer geleidelijk de rozijnen en het sinaasappelsap en de overige ingrediënten erdoor. Schep in een ingevette en met bakpapier beklede vorm van 18 cm/7 en bak in een voorverwarmde oven op 180°C/350°F/gasstand 4 gedurende 30 minuten, verlaag dan de oventemperatuur tot 160°C/325°F/gasstand 3 voor 1¼ uur tot een in het midden gestoken satéprikker er schoon uitkomt. Laat 10 minuten afkoelen in de vorm voordat je hem op een rooster stort om af te koelen.

Vruchtencake met koffie

Maakt een cake van 25 cm/10

450 g suiker (zeer fijn).

450 g ontpitte dadels, gehakt

450 g rozijnen

450 g/1 pond/22/3 kopjes sultana's (rozijnen)

100 g/4 oz/½ kopje kersen (gekonfijt), gehakt

100 g gehakte gemengde noten

450 ml/¾ pt/2 kopjes sterke zwarte koffie

120 ml olie

100 g golden syrup (lichte mais).

10 ml/2 theelepel gemalen kaneel

5 ml/1 lepel gemalen nootmuskaat

Een snufje zout

10 ml/2 theelepels zuiveringszout (baking soda)

15 ml/1 eetlepel water

2 lichtgeklopte eieren

450 g/1 pond/4 kopjes bloem (voor alle doeleinden).

120 ml sherry of cognac

Breng alle ingrediënten behalve baksoda, water, eieren, bloem en sherry of cognac aan de kook in een pan met dikke bodem. Laat 5 minuten sudderen, onder voortdurend roeren, haal dan van het vuur en laat afkoelen.

Meng de bicarbonaat of soda met het water en voeg toe aan het fruitmengsel met de eieren en bloem. Schep in een ingevette en met bakpapier beklede bakvorm van 25 cm/10 (bak) en bekleed een dubbele laag vetvrij papier (met was behandeld) aan de buitenkant om over de bovenkant van de bakvorm te laten rusten. Bak in een voorverwarmde oven op 160°C/325°F/gasstand 3 gedurende 1 uur. Verlaag de oventemperatuur tot 150°C/300°F/gasstand 2 en bak nog 1 uur. Verlaag de oventemperatuur tot 140°C/275°F/gasstand 1 en bak een derde van een uur. Verlaag de oventemperatuur weer tot 120 °C/250 °F/gasstand ½ en bak het laatste uur, bedek de bovenkant van de cake met bakpapier als hij te bruin begint te worden. Wanneer gekookt,

Zware Cornish-cake

Maakt een cake van 900 g/2 lb

350 g / 12 oz / 3 kopjes bloem (voor alle doeleinden).

2,5 ml/½ tl zout

175 g reuzel (bakvet)

75 g suiker (zeer fijn).

175 g rozijnen

Wat gemengde (gekonfijte) schil, gehakt (optioneel)

Ongeveer 150 ml gemengde melk en water

1 losgeklopt ei

Doe de bloem en het zout in een kom en wrijf het reuzel erdoor tot het mengsel op broodkruimels lijkt. Meng de overige droge ingrediënten erdoor. Voeg geleidelijk genoeg melk en water toe om een stevig deeg te maken. Het zal niet lang duren. Rol uit op een ingevette bakplaat (koekje) van ongeveer 1 cm/½ dik. Glazuur met losgeklopte eieren. Teken met de punt van een mes een kruispatroon op de bovenkant. Bak in een voorverwarmde oven op 160°C/325°F/gasstand 3 in ongeveer 20 minuten goudbruin. Laat afkoelen en snij dan in vierkanten.

Krententaart

Maakt een cake van 23 cm/9

225 g boter of margarine

300 g/11 oz/1½ kopjes suiker (zeer fijn).

Een snufje zout

100ml/3½ floz/6½ el kokend water

3 eieren

400 g bloem (voor alle doeleinden)

175 g rozijnen

50 g gehakte gemengde (gekonfijte) schil

100 ml / 3½ floz / 6½ el koud water

15 ml/1 eetlepel bakpoeder

Doe de boter of margarine, suiker en zout in een kom, giet er kokend water over en laat staan tot het zacht is. Klop snel tot licht en romig. Voeg beetje bij beetje de eieren toe en meng de bloem, rozijnen en gemengde schil afwisselend met het koude water erdoor. Meng het bakpoeder erdoor. Schep het beslag in een ingevette taartvorm van 23 cm/9 (taart) en bak in een voorverwarmde oven op 180°C/350°F/gasstand 4 gedurende 30 minuten. Verlaag de oventemperatuur tot 150°C/300°F/gasstand 2 en bak nog 40 minuten tot een in het midden gestoken satéprikker er schoon uitkomt. Laat 10 minuten afkoelen in de vorm voordat je hem laat afkoelen op een rooster.

Taart van donker fruit

Maakt een cake van 25 cm/10

225 g/8 oz/1 kop gemengd glace (gekonfijt) fruit, gehakt

350 g ontpitte dadels, fijngehakt

225 g rozijnen

225 g kersen (gekonfijt), fijngehakt

100 g geglaceerde (gezoete) ananas, gehakt

100 g gehakte gemengde noten

225 g/8 oz/2 kopjes bloem (voor alle doeleinden).

5 ml/1 theelepel zuiveringszout (baking soda)

5 ml/1 theelepel gemalen kaneel

2,5 ml/½ el kruiden

1,5 ml/¼ theelepel gemalen kruidnagel

1,5 ml/¼ theelepel zout

225 g reuzel (bakvet)

225 g/8 oz/1 kopje zachte bruine suiker

3 eieren

175 g stroopmelasse

2,5 ml/½ tl vanille-essence (extract)

120 ml karnemelk

Meng het fruit en de noten door elkaar. Zeef de bloem, baksoda, kruiden en zout samen en roer 50 g/2 oz/½ kopje door het fruit. Roer het bakvet en de suiker samen tot een licht en luchtig mengsel. Voeg geleidelijk de eieren toe en klop goed na elke toevoeging. Meng de essentie en vanille erdoor. Meng de karnemelk afwisselend met het resterende bloemmengsel en klop tot een gladde massa. Meng de vruchten. Schep in een ingevette en met bakpapier beklede cakevorm van 25 cm/10 (taart) en bak in een voorverwarmde oven op 140°C/275°F/Gas 1 gedurende 2½ uur tot een in het midden gestoken satéprikker er schoon uitkomt. Laat 10 minuten in de vorm afkoelen en stort dan op een rooster om af te koelen.

Snijd-en-kom-weer Cake

Maakt een taart van 20 cm/8 cm

275 g/10 oz/12/3 kopjes gemengd gedroogd fruit (fruitcake mix)

100 g boter of margarine

150 ml water

1 losgeklopt ei

225 g/8 oz/2 kopjes bloem (voor alle doeleinden).

Een snufje zout

100 g/4 oz/½ kopje suiker (zeer fijn).

Doe het fruit, boter of margarine en water in een pan en laat 20 minuten koken. Laat het afkoelen. Voeg het ei toe en meng geleidelijk de bloem, het zout en de suiker erdoor. Schep in een ingevette bakvorm van 20 cm/8 en bak in een voorverwarmde oven op 160 °C/325 °F/gasstand 3 gedurende 1¼ uur tot een in het midden gestoken satéprikker er schoon uitkomt.

Dundee taart

Maakt een taart van 20 cm/8 cm

225 g boter of margarine, verzacht

225 g suiker (zeer fijn).

4 grote eieren

225 g/8 oz/2 kopjes bloem (voor alle doeleinden).

Een snufje zout

350 g rozijnen

350 g/12 oz/2 kopjes sultana's (rozijnen)

175 g/6 oz/1 kop gehakte gemengde (gekonfijte) schil

100 g geglaceerde kersen (gezoet), in kwarten

Geraspte schil van ½ citroen

50 g hele amandelen, geblancheerd

Roer de boter en suiker tot bleek en licht. Klop de eieren een voor een erdoor en klop goed tussen elke toevoeging. Voeg de bloem en het zout toe. Roer het fruit en de citroenrasp erdoor. Snijd de helft van de amandelen en voeg toe aan het mengsel. Schep in een ingevette en met bakpapier beklede vorm van 20 cm/8 en bind een strook bruin papier rond de buitenkant van de vorm zodat deze ongeveer 5 cm/2 hoger is dan de vorm. Splits de bewaarde amandelen en schik ze in concentrische cirkels bovenop de cake. Bak in een voorverwarmde oven op 150°C/300°F/gas 2 gedurende 3½ uur tot een in het midden gestoken satéprikker er schoon uitkomt. Controleer na 2½ uur en als de cake aan de bovenkant te veel begint te bruinen, dek af met vetvrij (was)papier en verlaag de oventemperatuur tot 140°C/275°F/gasstand 1 voor het laatste uur van de bereiding.

Eggless Overnight Fruitcake

Maakt een taart van 20 cm/8 cm

50 g boter of margarine

225 g zelfrijzend bakmeel

5 ml/1 theelepel zuiveringszout (baking soda)

5 ml/1 lepel gemalen nootmuskaat

5 ml/1 tl gemalen gemengde kruiden (appeltaart).

Een snufje zout

225 g/8 oz/11/3 kopjes gemengd gedroogd fruit (fruitcakemix)

100g/4oz/½ kopje zachte bruine suiker

250 ml melk

Wrijf de boter of margarine met de bloem, bakpoeder, kruiden en zout tot het mengsel op broodkruimels lijkt. Meng het fruit en de suiker erdoor en meng dan de melk erdoor tot alle ingrediënten goed gemengd zijn. Dek af en laat een nacht staan.

Verdeel het mengsel in een ingevette en met bakpapier beklede cakevorm van 20 cm/8 en bak in een voorverwarmde oven op 180°C/350°F/gasstand 4 gedurende 1¾ uur tot een in het midden gestoken satéprikker er schoon uitkomt.

Onmiskenbare fruitcake

Maakt een cake van 23 cm/9

225 g boter of margarine

200 g / 7 oz / weinig 1 kopje suiker (zeer fijn).

175 g rozijnen

175 g sultana's (rozijnen)

50 g gehakte gemengde (gekonfijte) schil

75 g ontpitte dadels, gehakt

5 ml/1 theelepel zuiveringszout (baking soda)

200 ml/7 ml oz/weinig 1 kopje water

75 g kersen (gekonfijt), gehakt

100 g gehakte gemengde noten

60 ml/4 eetlepels cognac of sherry

300g/11oz/2¾ kopjes bloem (voor alle doeleinden)

5 ml/1 theelepel bakpoeder

Een snufje zout

2 lichtgeklopte eieren

Smelt de boter of margarine en meng de suiker, rozijnen, rozijnen, gemengde schillen en dadels erdoor. Meng de bicarbonaat of soda met een beetje water en roer met het resterende water door het fruitmengsel. Breng aan de kook en laat 20 minuten zachtjes sudderen onder af en toe roeren. Dek af en laat het een nacht staan.

Vet een taartvorm (vorm) van 23 cm/9 in en bekleed deze en bekleed een dubbele laag vetvrij (met was behandeld) of bruin papier om over de vorm te staan. Roer de geglaceerde kersen, walnoten en cognac of sherry door het mengsel en spatel dan de bloem, het bakpoeder en het zout erdoor. Meng de eieren. Schep in de voorbereide cakevorm en bak in een voorverwarmde oven op 160°C/325°F/gasstand 3 gedurende 1 uur. Verlaag de oventemperatuur tot 140°C/275°F/gasstand 1 en bak nog 1 uur. Verlaag de oventemperatuur tot 120°C/250°F/gasstand ½ en bak nog 1 uur tot een in het midden gestoken satéprikker er schoon uitkomt. Bedek de bovenkant van de cake aan het einde van de kooktijd met een cirkel van ingevet of bruin papier, als deze te veel kleur heeft gekregen.

Gember Fruit Taart

Maakt een cake van 18 cm/7

100 g boter of margarine, verzacht

100 g/4 oz/½ kopje suiker (zeer fijn).

2 lichtgeklopte eieren

30 ml/2 lepels melk

225 g zelfrijzend bakmeel

5 ml/1 theelepel bakpoeder

10 ml/2 el gemalen gemengde kruiden (appeltaart).

5 ml/1 el gemalen gember

100 g rozijnen

100 g sultana's (rozijnen)

Klop de boter of margarine en de suiker tot een licht en luchtig geheel. Meng geleidelijk de eieren en de melk erdoor, voeg dan de bloem, het bakpoeder en de kruiden toe, en dan het fruit. Schep het mengsel in een ingevette en met bakpapier beklede bakvorm van 18 cm/7 en bak in een voorverwarmde oven op 160°C/325°F/gasstand 3 gedurende 1¼ uur tot het goed bruin en goudbruin is.

Boerderij Honing Vruchtencake

Maakt een taart van 20 cm/8 cm

175 g boter of margarine, verzacht

175 g pure honing

Geraspte schil van 1 citroen

3 lichtgeklopte eieren

225 g/8 oz/2 kopjes volkoren (volkoren) meel.

10 ml/2 tl bakpoeder

5 ml/1 tl gemalen gemengde kruiden (appeltaart).

100 g rozijnen

100 g sultana's (rozijnen)

100 g rozijnen

50 g/2 oz/1/3 kopje kant-en-klare gedroogde abrikozen, gehakt

50 g gehakte gemengde (gekonfijte) schil

25 g gemalen amandelen

25 g amandelen

Roer de boter of margarine, honing en citroenschil tot een licht en luchtig mengsel. Voeg geleidelijk de eieren toe en voeg dan de bloem, het bakpoeder en de gemengde kruiden toe. Meng het fruit en de gemalen amandelen erdoor. Schep in een ingevette en met bakpapier beklede bakvorm van 20 cm/8 en maak een kuiltje in het midden. Schik de amandelen rond de bovenrand van de cake. Bak in een voorverwarmde oven op 160°C/325°F/gasstand 3 gedurende 2-2½ uur tot een in het midden gestoken satéprikker er schoon uitkomt. Bedek de bovenkant van de cake met vetvrij (vetvrij) papier tot het einde van de kooktijd, als het te veel kleur heeft gekregen. Laat 10 minuten afkoelen in de vorm voordat je hem op een rooster stort om af te koelen.

Genua taart

Maakt een cake van 23 cm/9

225 g boter of margarine, verzacht

100 g/4 oz/½ kopje suiker (zeer fijn).

4 gedeelde eieren

5 ml/1 lepel amandelessence (extract)

5 ml/1 theelepel geraspte sinaasappelschil

225 g rozijnen, gehakt

100 g rozijnen, gehakt

100 g/4 oz/2/3 kopje rozijnen (rozijnen), gehakt

50 g kersen (gekonfijt), gehakt

50 g gehakte gemengde (gekonfijte) schil

100 g gemalen amandelen

25 g amandelen

350 g / 12 oz / 3 kopjes bloem (voor alle doeleinden).

10 ml/2 tl bakpoeder

5 ml/1 theelepel gemalen kaneel

Roer de boter of margarine en de suiker romig en klop er dan de eidooiers, amandelessence en sinaasappelschil door. Meng het fruit en de noten met een beetje bloem tot ze bedekt zijn, meng dan afwisselend lepels bloem, bakpoeder en kaneel met lepels fruitmengsel erdoor tot alles goed gemengd is. Klop de eiwitten stijf en spatel ze dan door het mengsel. Schep in een ingevette en met bakpapier beklede cakevorm van 23 cm/9 inch (bakplaat) en bak in een voorverwarmde oven op 190°C/375°F/gasstand 5 gedurende 30 minuten, verlaag dan de oventemperatuur naar 160°C/325°F 1½ uur op gasstand 3 tot het veerkrachtig aanvoelt en een in het midden gestoken satéprikker er schoon uitkomt. Laat afkoelen in de pan.

Glacé Fruit Cake

Maakt een cake van 23 cm/9

225 g boter of margarine, verzacht

225 g suiker (zeer fijn).

4 lichtgeklopte eieren

45 ml/3 eetlepels brandewijn

250 g/9 oz/1¼ kopjes bloem (voor alle doeleinden).

2,5 ml/½ theelepel bakpoeder

Een snufje zout

225 g/8 oz/1 kopje gemengd glace (gekonfijt) fruit zoals kersen, ananas, sinaasappels, vijgen, in plakjes

100 g rozijnen

100 g sultana's (rozijnen)

75 g rozijnen

50 g gehakte gemengde noten

Geraspte schil van 1 citroen

Klop de boter of margarine en de suiker tot een licht en luchtig geheel. Meng geleidelijk de eieren en cognac erdoor. Meng in een aparte kom de resterende ingrediënten tot het fruit goed bedekt is met bloem. Roer het mengsel erdoor en meng goed. Schep in een ingevette vorm (bakplaat) van 23 cm/9 en bak in een voorverwarmde oven op 180°C/350°F/gasstand 4 gedurende 30 minuten. Verlaag de oventemperatuur tot 150°C/300°F/gasstand 3 en bak nog eens 50 minuten tot een in het midden gestoken satéprikker er schoon uitkomt.

Guinness Fruitcake

Maakt een cake van 23 cm/9

225 g boter of margarine

225 g/8 oz/1 kopje zachte bruine suiker

300 ml/½ pt/1¼ kopje Guinness of stout

225 g rozijnen

225 g/8 oz/11/3 kopjes sultana's (rozijnen)

225 g rozijnen

100 g gehakte gemengde (gekonfijte) schil

550 g/1¼ pond/5 kopjes gewone bloem (voor alle doeleinden).

2,5 ml/½ theelepel zuiveringszout (baking soda)

5 ml/1 tl gemalen gemengde kruiden (appeltaart).

2,5 ml/½ theelepel gemalen nootmuskaat

3 lichtgeklopte eieren

Breng de boter of margarine, suiker en Guinness aan de kook in een kleine steelpan op laag vuur en roer tot alles goed gemengd is. Roer het gemengde fruit en de schil erdoor, breng aan de kook en laat 5 minuten sudderen. Haal het van het vuur en laat het afkoelen.

Meng de bloem, bakpoeder en kruiden door elkaar en maak een kuiltje in het midden. Voeg het verse fruitmengsel en de eieren toe en meng tot alles goed gemengd is. Schep in een ingevette en met bakpapier beklede vorm van 23 cm/9 en bak in een voorverwarmde oven op 160°C/325°F/gasstand 3 gedurende 2 uur tot een in het midden gestoken satéprikker er schoon uitkomt. Laat 20 minuten in de vorm afkoelen en stort dan op een rooster om af te koelen.

Gehakt taart

Maakt een taart van 20 cm/8 cm

225 g zelfrijzend bakmeel

350 g gehakt

75 g / 3 oz / ½ kopje gemengd gedroogd fruit (fruitcake-mix)

3 eieren

150 g zachte margarine

150 g zachte bruine suiker

Meng alle ingrediënten samen tot ze goed gemengd zijn. Doe het in een ingevette en met bakpapier beklede cakevorm van 20 cm/8 en bak in een voorverwarmde oven op 160°C/325°F/gasstand 3 gedurende 1¾ uur tot het goed gevuld en stevig aanvoelt.

Vruchtencake met haver en abrikozen

Maakt een taart van 20 cm/8 cm

175 g boter of margarine, verzacht

50 g zachte bruine suiker

30 ml/2 lepels pure honing

3 eieren, losgeklopt

175 g/6 oz/¼ kopje volkoren (volkoren) bloem.

50 g havermeel

10 ml/2 tl bakpoeder

250 g/9 oz/1½ kopjes gemengd gedroogd fruit (fruit cake mix)

50 g/2 oz/1/3 kopje kant-en-klare gedroogde abrikozen, gehakt

Geraspte schil en sap van 1 citroen

Klop de boter of margarine en de suiker met de honing romig en luchtig. Klop geleidelijk de eieren erdoor, afwisselend met de bloem en het bakpoeder. Roer het gedroogde fruit en het citroensap en de schil erdoor. Schep in een ingevette en met bakpapier beklede taartvorm van 20 cm/8 inch en bak in een voorverwarmde oven op 180°C/350°F/gasstand 4 gedurende 1 uur. Verlaag de oventemperatuur tot 160°C/325°F/gasstand 3 en bak nog 30 minuten tot een in het midden gestoken satéprikker er schoon uitkomt. Bedek de bovenkant met bakpapier als de cake te snel bruin begint te worden.

Vruchtentaart 's avonds

Maakt een taart van 20 cm/8 cm

450 g/1 pond/4 kopjes bloem (voor alle doeleinden).

225 g rozijnen

225 g/8 oz/11/3 kopjes sultana's (rozijnen)

225 g/8 oz/1 kopje zachte bruine suiker

50 g gehakte gemengde (gekonfijte) schil

175 g reuzel (bakvet)

15 ml/1 el golden syrup (lichte mais).

10 ml/2 theelepels zuiveringszout (baking soda)

15 ml/1 eetlepel melk

300 ml/½ pt/1¼ kopje water

Meng de bloem, het fruit, de suiker en de schil. Smelt het vet en de siroop samen en roer door het mengsel. Los de bicarbonaat of soda op in de melk en roer dit met het water door het cakebeslag. Schep in een ingevette bakvorm van 20 cm/8, dek af en laat een nacht staan.

Bak de cake in een voorverwarmde oven op 160°C/gasstand 3 gedurende 1¾ uur tot een in het midden gestoken satéprikker er schoon uitkomt.

Rozijnen-kruidencake

Maakt een brood van 900 g/2 lb

225 g/8 oz/1 kopje zachte bruine suiker

300 ml/½ pt/1¼ kopje water

100 g boter of margarine

15 ml/1 eetlepel stroopmelasse

175 g rozijnen

5 ml/1 theelepel gemalen kaneel

2. 5 ml/½ tl gemalen nootmuskaat

2,5 ml/½ el kruiden

225 g/8 oz/2 kopjes bloem (voor alle doeleinden).

5 ml/1 theelepel bakpoeder

5 ml/1 theelepel zuiveringszout (baking soda)

Smelt de suiker, het water, de boter of margarine, de kip, de rozijnen en de kruiden in een kleine steelpan op middelhoog vuur, onder voortdurend roeren. Breng aan de kook en laat 5 minuten sudderen. Haal van het vuur en klop de resterende ingrediënten. Schep het mengsel in een ingevette en met bakpapier beklede bakvorm van 900 g/2 lb en bak in een voorverwarmde oven op 180°C/350°F/gasstand 4 gedurende 50 minuten tot een in het midden gestoken satéprikker er schoon uitkomt.

Richmond taart

Maakt een taart van 15 cm/6 cm

225 g/8 oz/2 kopjes bloem (voor alle doeleinden).

Een snufje zout

75 g boter of margarine

100 g/4 oz/½ kopje suiker (zeer fijn).

2,5 ml/½ theelepel bakpoeder

100 g rozijnen

2 eieren, losgeklopt

Een beetje melk

Doe de bloem en het zout in een kom en bestrijk met boter of margarine tot het mengsel op broodkruimels lijkt. Meng de suiker, bakpoeder en rozijnen erdoor. Voeg de eieren en voldoende melk toe om tot een stevig deeg te mengen. Maak er een ingevette en met bakpapier beklede cakevorm van 15 cm/6 van. Bak in een voorverwarmde oven op 190°C/375°F/gasstand 5 gedurende ongeveer 45 minuten tot een in het midden gestoken satéprikker er schoon uitkomt. Laat afkoelen op een rooster.

Vruchtencake met saffraan

Maakt twee cakes van 450 g/1 lb

2,5 ml/½ theelepel saffraandraad

Warm water

15 g/½ oz verse gist of 20 ml/ 4 el droge gist

900 g/2 lb/8 kopjes gewone bloem (voor alle doeleinden).

225 g suiker (zeer fijn).

2,5 ml/½ tl gemalen gemengde kruiden (appeltaart).

Een snufje zout

100 g reuzel (bakvet)

100 g boter of margarine

300 ml warme melk

350 g/12 oz/2 kopjes gemengd gedroogd fruit (fruit cake mix)

50 g gehakte gemengde (gekonfijte) schil

Snijd saffraanstrengen en week ze een nacht in 45 ml/3 eetlepels warm water.

Meng de gist met 30 ml/2 el bloem, 5 ml/1 el suiker en 75 ml/5 el warm water en laat 20 minuten op een warme plaats schuimen.

Meng de resterende bloem en suiker met de kruiden en het zout. Wrijf het vet en de boter of margarine samen tot het mengsel op broodkruimels lijkt en maak dan een kuiltje in het midden. Voeg het gistmengsel, saffraan en saffraansap, warme melk, gemengd fruit en schil toe en meng tot een zacht deeg. Doe in een met olie ingevette bak, dek af met vershoudfolie (plasticfolie) en laat 3 uur op een warme plaats staan.

Vorm er twee pasteitjes van, leg ze in twee ingevette bakvormen van 450 g/1 lb en bak ze in een voorverwarmde oven op 220°C/450°F/gasstand 7 gedurende 40 minuten tot ze goed bruin en goudbruin gekleurd zijn.

Vruchtencake met frisdrank

Maakt een cake van 450 g/1 lb

225 g/8 oz/2 kopjes bloem (voor alle doeleinden).

1,5 ml/¼ theelepel zout

Een snufje zuiveringszout (baking soda)

50 g boter of margarine

50 g/2 oz/¼ kopje suiker (zeer fijn).

100 g/4 oz/2/3 kopje gemengd gedroogd fruit (fruitcake mix)

150 ml/¼ pt/2/3 kopje zure melk of melk met 5 ml/1 theelepel citroensap

5 ml/1 eetlepel stroopmelasse

Meng de bloem, het zout en de baksoda in een kom. Wrijf boter of margarine erdoor tot het mengsel op broodkruimels lijkt. Voeg de suiker en het fruit toe en meng goed. Verwarm de melk en de rietsuiker tot de rietsuiker smelt, voeg dan toe aan de droge ingrediënten en meng tot een stevig deeg. Schep in een ingevette bakvorm van 450g/1lb en bak in een voorverwarmde oven op 190°C/375°F/gasstand 5 in ongeveer 45 minuten goudbruin.

Snelle Vruchtentaart

Maakt een taart van 20 cm/8 cm

450 g/1 pond/2 2/3 kopjes gemengd gedroogd fruit (fruitcakemix)

225 g/8 oz/1 kopje zachte bruine suiker

100 g boter of margarine

150 ml water

2 eieren, losgeklopt

225 g zelfrijzend bakmeel

Breng het fruit, de suiker, de boter of margarine en het water aan de kook, dek af en laat 15 minuten zachtjes koken. Laat het afkoelen. Klop de eieren en bloem door elkaar, schep het mengsel in een ingevette en met bakpapier beklede bakvorm van 20 cm/8 en bak in een voorverwarmde oven op 150°C/300°F/gasstand 3 gedurende 1½ uur tot het goudbruin is en indikt. weg van de zijkanten van het blik.

Fruitcake met hete thee

Maakt een cake van 900 g/2 lb

450 g/1 pond/2½ kopjes gemengd gedroogd fruit (fruitcakemix)

300 ml hete zwarte thee

350 g zachte bruine suiker

350 g zelfrijzend bakmeel

1 losgeklopt ei

Plaats het fruit in hete thee en laat het een nacht trekken. Zeef de suiker, bloem en ei en doe ze in een ingevette en met bakpapier beklede bakvorm (bakplaat) van 900 g/2 lb. Bak in een voorverwarmde oven op 160°C/325°F/gasstand 3 gedurende 2 uur tot ze goed bruin en goudbruin zijn.

Vruchtencake met ijsthee

Maakt een taart van 15 cm/6 cm

100 g boter of margarine

225 g/8 oz/1 1/3 kopjes gemengd gedroogd fruit (fruitcakemix)

250 ml/8 ml oz/1 kopje zwarte ijsthee

225 g zelfrijzend bakmeel

100 g/4 oz/½ kopje suiker (zeer fijn).

5 ml/1 theelepel zuiveringszout (baking soda)

1 groot ei

Smelt de boter of margarine in een pannetje, voeg het fruit en de thee toe en breng aan de kook. Laat 2 minuten koken en laat afkoelen. Meng de resterende ingrediënten erdoor en meng goed. Schep in een ingevette en met bakpapier beklede bakvorm van 15 cm/6 en bak in een voorverwarmde oven op 160°C/325°F/gasstand 3 gedurende 1¼–1½ uur tot het stevig aanvoelt. Laat afkoelen en serveer gesneden en besmeerd met boter.

Suikervrije fruitcake

Maakt een taart van 20 cm/8 cm

4 gedroogde abrikozen

60 ml/4 el sinaasappelsap

250 ml/8 ml oz/1 sterke kop

100 g sultana's (rozijnen)

100 g rozijnen

50 g rozijnen

50 g boter of margarine

225 g zelfrijzend bakmeel

75 g gehakte gemengde noten

10 ml/2 el gemalen gemengde kruiden (appeltaart)

5 ml/1 theelepel oploskoffiepoeder

3 lichtgeklopte eieren

15 ml/1 eetlepel cognac of whisky

Week abrikozen in sinaasappelsap tot ze zacht zijn en hak ze fijn. Doe ze in een pan met het gedroogde fruit en boter of margarine, breng aan de kook en laat 20 minuten sudderen. Laat het afkoelen.

Meng de bloem, noten, kruiden en koffie. Meng het dikke mengsel, eieren en cognac of whisky erdoor. Schep het mengsel in een ingevette en met bakpapier beklede bakvorm van 20 cm/8 en bak in een voorverwarmde oven op 180°C/350°F/gasstand 4 gedurende 20 minuten. Verlaag de oventemperatuur tot 150°C/300°F/gasstand 2 en bak nog 1½ uur tot een in het midden gestoken satéprikker er schoon uitkomt. Bedek de bovenkant tegen het einde van de kooktijd met vetvrij (vetvrij) papier als het te veel kleur heeft gekregen. Laat 10 minuten afkoelen in de vorm voordat je hem op een rooster stort om af te koelen.

Kleine fruitkoekjes

Het maakt 48

100 g boter of margarine, verzacht

225 g/8 oz/1 kopje zachte bruine suiker

2 lichtgeklopte eieren

175 g ontpitte dadels, gehakt

50 g gehakte gemengde noten

15 ml/1 eetlepel geraspte sinaasappelschil

225 g/8 oz/2 kopjes bloem (voor alle doeleinden).

5 ml/1 theelepel zuiveringszout (baking soda)

2,5 ml/½ tl zout

150 ml karnemelk

6 geglaceerde kersen (gekonfijt), in plakjes

Oranje cakeglazuur

Klop de boter of margarine en suiker romig en romig. Klop de eieren beetje bij beetje los. Meng de dadels, walnoten en sinaasappelschil erdoor. Meng de bloem, baksoda en zout door elkaar. Voeg afwisselend met de karnemelk toe aan het mengsel en klop tot alles goed gemengd is. Schep in een ingevette bakvorm van 5 cm/2 en garneer met kersen. Bak in een voorverwarmde oven op 190°C/375°F/gasstand 5 gedurende 20 minuten tot een in het midden gestoken satéprikker er schoon uitkomt. Breng over naar een koelrek en laat het warm worden, en bestrijk het dan met de sinaasappelglazuur.

Azijn Fruitcake

Maakt een cake van 23 cm/9

225 g boter of margarine

450 g/1 pond/4 kopjes bloem (voor alle doeleinden).

225 g/8 oz/11/3 kopjes sultana's (rozijnen)

100 g rozijnen

100 g rozijnen

225 g/8 oz/1 kopje zachte bruine suiker

5 ml/1 theelepel zuiveringszout (baking soda)

300 ml melk

45ml/3 el moutazijn

Wrijf de boter of margarine door de bloem tot het mengsel op broodkruimels lijkt. Meng het fruit en de suiker erdoor en maak een kuiltje in het midden. Meng het bicarbonaat van soda, melk en azijn - het mengsel zal gaan schuimen. Roer de droge ingrediënten erdoor tot ze goed gecombineerd zijn. Schep het mengsel in een ingevette en met bakpapier beklede bakvorm van 23 cm/9 en bak in een voorverwarmde oven op 200°C/400°F/gasstand 6 gedurende 25 minuten. Verlaag de oventemperatuur tot 160°C/325°F/gasstand 3 en bak nog eens 1½ uur tot ze goudbruin en stevig aanvoelen. Laat 5 minuten in de vorm afkoelen en stort dan op een rooster om af te koelen.

Virginia whiskycake

Maakt een cake van 450 g/1 lb

100 g boter of margarine, verzacht

50 g/2 oz/¼ kopje suiker (zeer fijn).

3 eieren, gescheiden

175 g/6 oz/1½ kopjes bloem (voor alle doeleinden).

5 ml/1 theelepel bakpoeder

Een snufje geraspte nootmuskaat

Een snufje gemalen foelie

Port van 120 ml/4 ml oz/½ kopje

30 ml/2 eetlepels cognac

100 g/4 oz/2/3 kopje gemengd gedroogd fruit (fruitcake mix)

120 ml/4 ml oz/½ kopje whisky

Roer de boter en suiker samen tot een gladde massa. Meng de eierdooiers erdoor. Zeef de bloem, bakpoeder en kruiden samen en meng goed. Roer de port, cognac en gedroogd fruit erdoor. Klop de eiwitten totdat ze zachte pieken vormen en spatel ze dan door de massa. Schep in een ingevette bakvorm van 450 g/1 lb en bak in een voorverwarmde oven op 160°C/325°F/gasstand 3 gedurende 1 uur tot een in het midden gestoken satéprikker er schoon en schoon uitkomt. Laat afkoelen in de vorm, giet de whisky over de cake en laat 24 uur opstijven voordat je hem aansnijdt.

Welse Vruchtentaart

Maakt een cake van 23 cm/9

50 g boter of margarine

50 g reuzel (bakvet)

225 g/8 oz/2 kopjes bloem (voor alle doeleinden).

Een snufje zout

10 ml/2 tl bakpoeder

100g/4oz/½ kopje demerara suiker

175 g/6 oz/1 kopje gemengd gedroogd fruit (fruitcake mix)

Geraspte schil en sap van ½ citroen

1 lichtgeklopt ei

30 ml/2 lepels melk

Wrijf de boter of margarine en het bakvet door de bloem, het zout en het bakpoeder tot het mengsel op broodkruimels lijkt. Roer de suiker, het fruit en de citroenschil en -sap erdoor, meng het ei en de melk erdoor en kneed tot een zacht deeg. Vorm een ingevette en met bakpapier beklede bakvorm van 23 cm/9 vierkant en bak in een voorverwarmde oven op 200°C/400°F/gasstand 6 gedurende 20 minuten tot ze goudbruin en goudbruin zijn.

Witte fruittaart

Maakt een cake van 23 cm/9

100 g boter of margarine, verzacht

225 g suiker (zeer fijn).

5 lichtgeklopte eieren

350 g gemengd gedroogd fruit

350 g/12 oz/2 kopjes sultana's (rozijnen)

100 g ontpitte dadels, fijngehakt

100 g/4 oz/½ kopje kersen (gekonfijt), gehakt

100 g geglaceerde (gezoete) ananas, gehakt

100 g gehakte gemengde noten

225 g/8 oz/2 kopjes bloem (voor alle doeleinden).

10 ml/2 tl bakpoeder

2,5 ml/½ tl zout

60 ml/4 eetlepels ananassap

Klop de boter of margarine en de suiker tot een licht en luchtig geheel. Voeg geleidelijk de eieren toe en klop goed na elke toevoeging. Meng al het fruit, de noten en een deel van de bloem tot de ingrediënten goed bedekt zijn met bloem. Zeef het bakpoeder en het zout door de resterende bloem en roer het eimengsel afwisselend met het ananassap tot een gelijkmatig mengsel. Voeg het fruit toe en meng goed. Schep in een ingevette en met bakpapier beklede vorm van 23 cm/9 en bak in een voorverwarmde oven op 140°C/275°F/gasstand 1 gedurende ongeveer 2½ uur tot een in het midden gestoken satéprikker er schoon uitkomt. Laat 10 minuten afkoelen in de vorm voordat je hem op een rooster stort om af te koelen.

appeltaart

Maakt een taart van 20 cm/8 cm

175 g zelfrijzend bakmeel

5 ml/1 theelepel bakpoeder

Een snufje zout

150 g boter of margarine

150 g suiker (zeer fijn).

1 losgeklopt ei

175 ml melk

3 tafel (dessert) appels, geschild, klokhuis verwijderd en in plakjes

2,5 ml/½ theelepel gemalen kaneel

15 ml/1 lepel pure honing

Meng de bloem, bakpoeder en zout door elkaar. Wrijf de boter of margarine erdoor tot het mengsel op broodkruimels lijkt en roer dan de suiker erdoor. Meng het ei en de melk. Giet het mengsel in een ingevette en met bakpapier beklede bakvorm van 20 cm/8 en druk de appelschijfjes er voorzichtig op. Bestrooi met kaneel en besprenkel met honing. Bak in een voorverwarmde oven op 200°C/400°F/gasstand 6 gedurende 45 minuten tot ze goudbruin en stevig aanvoelen.

Gekruide appeltaart met knapperige topping

Maakt een taart van 20 cm/8 cm

75 g boter of margarine

175 g zelfrijzend bakmeel

50 g/2 oz/¼ kopje suiker (zeer fijn).

1 ei

75 ml/5 el water

3 appels (dessert), geschild, klokhuis verwijderd en in blokjes gesneden

Voor de bovenkant:

75 g/3 oz/1/3 kop demerara suiker

10 ml/2 theelepel gemalen kaneel

25 g boter of margarine

Wrijf de boter of margarine door de bloem tot het mengsel op broodkruimels lijkt. Giet de suiker erbij en meng het ei en het water erdoor tot een zacht deeg. Voeg eventueel nog wat water toe als het mengsel te droog is. Spreid het deeg uit in een 20 cm/8 bakvorm (pan) en druk de appels in het deeg. Bestrooi met demerarasuiker en kaneel en bestrijk met boter of margarine. Bak in een voorverwarmde oven op 180°C/350°F/gasstand 4 gedurende 30 minuten tot ze goudbruin en stevig aanvoelen.

Amerikaanse appeltaart

Maakt een taart van 20 cm/8 cm

50 g boter of margarine, verzacht

225 g/8 oz/1 kopje zachte bruine suiker

1 lichtgeklopt ei

5 ml/1 tl vanille-essence (extract)

100 g bloem (voor alle doeleinden).

2,5 ml/½ theelepel bakpoeder

2,5 ml/½ theelepel zuiveringszout (baking soda)

2,5 ml/½ tl zout

2,5 ml/½ theelepel gemalen kaneel

2,5 ml/½ theelepel gemalen nootmuskaat

450 g eetbare (dessert)appels, geschild, klokhuis verwijderd en in blokjes gesneden

25 g amandelen, gehakt

Klop de boter of margarine en suiker romig en romig. Klop geleidelijk het ei en de vanille-essence erdoor. Meng de bloem, bakpoeder, baksoda, zout en kruiden en klop tot een geheel. Meng de appels en noten erdoor. Schep in een ingevette en met bakpapier beklede bakvorm van 20 cm/8 en bak in een voorverwarmde oven op 180°C/350°F/gasstand 4 gedurende 45 minuten tot een in het midden gestoken satéprikker er schoon en schoon uitkomt.

Appelpuree cake

Maakt een cake van 900 g/2 lb

100 g boter of margarine, verzacht

225 g/8 oz/1 kopje zachte bruine suiker

2 lichtgeklopte eieren

225 g/8 oz/2 kopjes bloem (voor alle doeleinden).

5 ml/1 theelepel gemalen kaneel

2,5 ml/½ theelepel gemalen nootmuskaat

100 g appelmoes (saus)

5 ml/1 theelepel zuiveringszout (baking soda)

30 ml/2 el heet water

Klop de boter of margarine en de suiker tot een licht en luchtig geheel. Meng geleidelijk de eieren erdoor. Roer de bloem, kaneel, nootmuskaat en appelmoes erdoor. Meng de natriumbicarbonaat met het hete water en meng goed. Schep in een ingevette bakvorm van 900g/2lb en bak in een voorverwarmde oven op 180°C/350°F/gasstand 4 gedurende 1¼ uur tot een in het midden gestoken satéprikker er schoon uitkomt. .

Appelcider taart

Maakt een taart van 20 cm/8 cm

100 g boter of margarine, verzacht

150 g suiker (zeer fijn).

3 eieren

225 g zelfrijzend bakmeel

5 ml/1 tl gemalen gemengde kruiden (appeltaart).

5 ml/1 theelepel zuiveringszout (baking soda)

5 ml/1 theelepel bakpoeder

150 ml droge cider

2 kook (zure) appels, geschild, klokhuis verwijderd en in plakjes

75 g/3 oz/1/3 kop demerara suiker

100 g gehakte gemengde noten

Meng de boter of margarine, suiker, eieren, bloem, kruiden, bakpoeder, bakpoeder en 120 ml cider tot alles goed gemengd is, voeg indien nodig de resterende cider toe om een zacht deeg te maken. Schep de helft van het mengsel in een ingevette en met bakpapier beklede cakevorm van 20 cm/8 en bedek met de helft van de appelschijfjes. Meng de suiker en noten door elkaar en verdeel de helft over de appels. Schep het resterende cakemengsel en bedek met de resterende appels en de rest van het suiker- en notenmengsel. Bak in een voorverwarmde oven op 180°C/350°F/gasstand 4 gedurende 1 uur tot ze goudbruin en stevig aanvoelen.

Appel en kaneel cake

Maakt een cake van 23 cm/9

100 g boter of margarine

100 g/4 oz/½ kopje suiker (zeer fijn).

1 lichtgeklopt ei

100 g bloem (voor alle doeleinden).

5 ml/1 theelepel bakpoeder

30 ml/2 eetlepels melk (optioneel)

2 grote kook (zure) appels, geschild, klokhuis verwijderd en in plakjes gesneden

30 ml/2 el suiker (superfijn).

5 ml/1 theelepel gemalen kaneel

25 g amandelen, gehakt

30 ml/2 el demerara suiker

Klop de boter of margarine en de suiker tot een licht en luchtig geheel. Klop geleidelijk het ei erdoor en voeg dan de bloem en het bakpoeder toe. Het mengsel moet behoorlijk stijf zijn; als het te hard is, meng met een beetje melk. Schep de helft van het mengsel in een ingevette en met bakpapier beklede pan (23 cm/9) met losse bodem (pan). Hierboven zetten we de appelschijfjes op een rij. Meng de suiker en kaneel door elkaar en strooi de amandelen over de appels. Giet het resterende cakemengsel erover en bestrooi met demerarasuiker. Bak in een voorverwarmde oven op 180°C/350°F/gasstand 4 gedurende 30-35 minuten tot een in het midden gestoken satéprikker er schoon uitkomt.

Spaanse appeltaart

Maakt een cake van 23 cm/9

175 g boter of margarine

6 Cox's eet (dessert)appels, geschild, klokhuis verwijderd en in plakjes

30 ml/2 eetlepels appelbrandewijn

175 g suiker (zeer fijn).

150g / 5oz / 1¼ kopje gewone (alle doeleinden) bloem.

10 ml/2 tl bakpoeder

5 ml/1 theelepel gemalen kaneel

3 lichtgeklopte eieren

45 ml/3 lepels melk

Voor het glazuur:

60 ml/4 eetlepels abrikozenjam (gereserveerd), gezeefd (uitgelekt)

15 ml/1 eetlepel appelbrandewijn

5 ml/1 eetlepel maïsmeel (maizena)

10 ml/2 eetlepels water

Smelt de boter of margarine in een grote koekenpan en bak de appelstukjes op laag vuur gedurende 10 minuten, roer één keer om zodat ze met de boter bedekt zijn. Haal van het vuur. Hak een derde van de appels fijn en voeg de appelbrandewijn toe, roer dan de suiker, bloem, bakpoeder en kaneel erdoor. Voeg de eieren en melk toe en schep het mengsel in een ingevette en met bloem bestoven 23cm/9 in een cakevorm met losse bodem. Leg de overige appelschijfjes erop. Bak in een voorverwarmde oven op 180°C/350°F/gasstand 4 gedurende 45 minuten tot ze goed bruin en goudbruin zijn en beginnen te krimpen van de zijkanten van de pan.

Om het glazuur te maken, verwarm je de jam en cognac samen. Meng de maizena met het water en meng de jam en cognac erdoor. Kook een paar minuten, al roerend, tot het helder is. Bestrijk de warme cake en laat 30 minuten afkoelen. Verwijder de zijkanten van de taartvorm, verwarm het glazuur opnieuw en borstel een tweede keer. Laat het afkoelen.

Taart van appel en sultanarozijn

Maakt een taart van 20 cm/8 cm

350 g zelfrijzend bakmeel

Een snufje zout

2,5 ml/½ theelepel gemalen kaneel

225 g boter of margarine

175 g suiker (zeer fijn).

100 g sultana's (rozijnen)

450 g (cake) appels, geschild, klokhuis verwijderd en fijngehakt

2 eieren

Een beetje melk

Meng de bloem, het zout en de kaneel en wrijf de boter of margarine erdoor tot het mengsel op broodkruimels lijkt. Roer de suiker erdoor. Maak een kuiltje in het midden en voeg de rozijnen, appels en eieren toe en meng goed met een beetje melk tot een stevige massa. Schep in een ingevette cakevorm van 20 cm/8 en bak in een voorverwarmde oven op 180°C/350°F/gasstand 4 gedurende ongeveer 1½–2 uur tot het stevig aanvoelt. Serveer warm of koud.

Ondersteboven appeltaart

Maakt een cake van 23 cm/9

2 tafelappels (dessert), geschild, klokhuis verwijderd en in dunne plakjes gesneden

75 g zachte bruine suiker

45 ml/3 el rozijnen

30 ml/2 el citroensap

Voor de taart:

200 g bloem (voor alle doeleinden).

50 g/2 oz/¼ kopje suiker (zeer fijn).

10 ml/2 tl bakpoeder

5 ml/1 theelepel zuiveringszout (baking soda)

5 ml/1 theelepel gemalen kaneel

Een snufje zout

120 ml melk

50 g appelmoes (saus)

75 ml/5 el olie

1 lichtgeklopt ei

5 ml/1 tl vanille-essence (extract)

Meng de appels, suiker, rozijnen en citroensap door elkaar en leg ze op de bodem van een ingevette taartvorm (23 cm/9). Meng de droge cake-ingrediënten en maak een kuiltje in het midden. Meng de melk, appelmoes, olie, ei en vanille-essence en roer dit door de droge ingrediënten tot een geheel. Schep in de cakevorm en bak in een voorverwarmde oven op 180°C/350°F/gasstand 4 gedurende 40 minuten tot de cake goudbruin is en loslaat van de zijkanten van de vorm. Laat 10 minuten afkoelen in de vorm en stort dan voorzichtig op een bord. Serveer warm of koud.

Abrikozen cake

Maakt een brood van 900 g/2 lb

225 g boter of margarine, verzacht

225 g suiker (zeer fijn).

2 goedgeklopte eieren

6 rijpe abrikozen, ontpit (stoned), geschild en fijngehakt

300g/11oz/2¾ kopjes bloem (voor alle doeleinden)

5 ml/1 theelepel zuiveringszout (baking soda)

Een snufje zout

75 g amandelen, gehakt

Klop de boter of margarine en de suiker romig. Klop geleidelijk de eieren erdoor en roer dan de abrikozen erdoor. Klop de bloem, baksoda en zout erdoor. Roer de noten erdoor. Schep in een ingevette en met bloem bestoven bakvorm van 900 g/2 lb en bak in een voorverwarmde oven op 180°C/350°F/gasstand 4 gedurende 1 uur tot een in het midden gestoken satéprikker er schoon en schoon uitkomt. Laat afkoelen in de pan alvorens te gooien.

Abrikozen- en gembercake

Maakt een cake van 18 cm/7

100 g zelfrijzend bakmeel

100g/4oz/½ kopje zachte bruine suiker

10 ml/2 tl gemalen gember

100 g boter of margarine, verzacht

2 lichtgeklopte eieren

100 g/4 oz/2/3 kop kant-en-klare gedroogde abrikozen, gehakt

50 g rozijnen

Klop de bloem, suiker, gember, boter of margarine en eieren tot een gladde massa. Roer de abrikozen en rozijnen erdoor. Schep het mengsel in een ingevette en met bakpapier beklede bakvorm van 18 cm/7 en bak in een voorverwarmde oven op 180°C/350°F/gasstand 4 gedurende 30 minuten tot een in het midden gestoken satéprikker er schoon en schoon uitkomt.

Abrikozen cake

Maakt een taart van 20 cm/8 cm

120 ml/4 ml oz/½ kopje cognac of rum

120 ml sinaasappelsap

225 g/8 oz/11/3 kopjes kant-en-klare gedroogde abrikozen, gehakt

100 g sultana's (rozijnen)

175 g boter of margarine, verzacht

45 ml/3 lepels pure honing

4 gedeelde eieren

175 g zelfrijzend bakmeel

10 ml/2 tl bakpoeder

Kook cognac of rum en sinaasappelsap met abrikozen en rozijnen. Roer goed, haal dan van het vuur en laat afkoelen. Roer de boter of margarine en honing tot een romig mengsel en meng er geleidelijk de eidooiers door. Spatel de bloem en het bakpoeder erdoor. Klop de eiwitten stijf en spatel ze voorzichtig door het mengsel. Schep in een ingevette en met bakpapier beklede vorm van 20 cm/8 en bak in een voorverwarmde oven op 180°C/350°F/gasstand 4 gedurende 1 uur tot een in het midden gestoken satéprikker er schoon uitkomt. Laat afkoelen in de pan.

Bananen taart

Maakt een cake van 23 x 33 cm/9 x 13 cm

4 rijpe bananen, geraspt

2 lichtgeklopte eieren

350g/12oz/1½ kopjes suiker (zeer fijn).

120 ml olie

5 ml/1 tl vanille-essence (extract)

50 g gehakte gemengde noten

225 g/8 oz/2 kopjes bloem (voor alle doeleinden).

10 ml/2 theelepels zuiveringszout (baking soda)

5 ml/1 lepel zout

Klop de bananen, eieren, suiker, olie en vanille romig. Voeg de resterende ingrediënten toe en meng tot gecombineerd. Schep in een cakevorm van 23 x 33 cm/9 x 13 en bak in een voorverwarmde oven op 180°C/350°F/gasstand 4 gedurende 45 minuten tot een in het midden gestoken satéprikker er schoon uitkomt.

Bananencake Met Knapperige Topping

Maakt een cake van 23 cm/9

100 g boter of margarine, verzacht

300 g/11 oz/11/3 kopjes suiker (zeer fijn).

2 lichtgeklopte eieren

175 g/6 oz/1½ kopjes bloem (voor alle doeleinden).

2,5 ml/½ tl zout

1,5 ml/½ theelepel gemalen nootmuskaat

5 ml/1 theelepel zuiveringszout (baking soda)

75 ml/5 lepels melk

Enkele druppels vanille-essence (extract)

4 bananen, geraspt

Voor de bovenkant:

50g/2oz/¼ kopje demerara suiker

50 g cornflakes, geplet

2,5 ml/½ theelepel gemalen kaneel

25 g boter of margarine

Klop de boter of margarine en de suiker licht en luchtig. Klop geleidelijk de eieren erdoor en voeg dan de bloem, het zout en de nootmuskaat toe. Meng het zuiveringszout met de melk en de vanille-essence en roer dit door het bananenmengsel. Schep in een ingevette en met bakpapier beklede vorm van 23 cm/9 (bakplaat).

Meng voor de topping de suiker, maizena en kaneel en bestrijk met boter of margarine. Spuit de cake in en bak in een voorverwarmde oven op 180°C/350°F/gasstand 4 gedurende 45 minuten tot hij stevig aanvoelt.

Bananen spons

Maakt een cake van 23 cm/9

100 g boter of margarine, verzacht

100 g/4 oz/½ kopje suiker (zeer fijn).

2 eieren, losgeklopt

2 grote rijpe bananen, geraspt

225 g zelfrijzend bakmeel

45 ml/3 lepels melk

Voor de vulling en vulling:
225 g/8 oz/1 kopje roomkaas

30 ml/2 lepels zure room (yoghurt).

100 g droge bananenchips

Roer de boter of margarine en suiker tot een licht en luchtig geheel. Voeg geleidelijk de eieren toe en meng dan de bananen en bloem erdoor. Roer de melk erdoor tot het mengsel een vloeibare consistentie heeft. Schep in een ingevette en met bakpapier beklede vorm van 23 cm/9 en bak in een voorverwarmde oven op 180°C/350°F/gasstand 4 gedurende ongeveer 30 minuten tot een in het midden gestoken satéprikker er schoon uitkomt. Stort op een rooster, laat afkoelen en snij dan horizontaal doormidden.

Om de topping te maken, klop je de roomkaas en zure room door elkaar en gebruik je de helft van het mengsel om de twee helften van de cake samen te voegen. Verdeel het resterende mengsel erover en decoreer met de bananenchips.

Vezelrijke bananencake

Maakt een cake van 18 cm/7

100 g boter of margarine, verzacht

50 g zachte bruine suiker

2 lichtgeklopte eieren

100 g volkorenmeel (volkorenmeel).

10 ml/2 tl bakpoeder

2 bananen, geraspt

Voor de vulling:
225 g/8 oz/1 kopje kwark (gladde wrongel).

5 ml/1 theelepel citroensap

15 ml/1 lepel pure honing

1 banaan, in plakjes

Icing (banketbakkers) suiker, gezeefd, om te bestuiven

Klop de boter of margarine en de suiker tot een licht en luchtig geheel. Klop geleidelijk de eieren erdoor en voeg dan de bloem en het bakpoeder toe. Roer voorzichtig de bananen erdoor. Schep het mengsel in twee ingevette en beklede taartvormen (18 cm/7) en bak ze in de voorverwarmde oven gedurende 30 minuten tot ze stevig aanvoelen. Laat het afkoelen.

Klop voor de vulling de roomkaas, het citroensap en de honing door elkaar en verdeel over een van de cakes. Leg de plakjes banaan erop en bedek ze met de tweede cake. Serveer bestrooid met poedersuiker.

Bananen-citroencake

Maakt een cake van 18 cm/7

100 g boter of margarine, verzacht

175 g suiker (zeer fijn).

2 lichtgeklopte eieren

225 g zelfrijzend bakmeel

2 bananen, geraspt

Voor de vulling en vulling:
75 ml/5 eetlepels citroengestremde melk

2 bananen, in plakjes

45 ml/3 el citroensap

100 g poedersuiker (banketbakkers), gezeefd

Klop de boter of margarine en de suiker tot een licht en luchtig geheel. Klop geleidelijk de eieren erdoor, klop goed na elke toevoeging, en spatel dan de bloem en bananen erdoor. Schep het mengsel in twee ingevette en beklede 18cm/7 in sandwich-blikken en bak in een voorverwarmde oven op 180°C/350°F/gasstand 4 gedurende 30 minuten. Giet af en laat afkoelen.

Sandwich de cakes samen met de lemon curd en de helft van de plakjes banaan. Besprenkel de overgebleven plakjes banaan met 15 ml/1 el citroensap. Meng het overgebleven citroensap met poedersuiker tot een stevige crème (brost). Smeer de room op de taart en decoreer met de plakjes banaan.

Chocolade Banaan Blender Taart

Maakt een taart van 20 cm/8 cm

225 g zelfrijzend bakmeel

2,5 ml/½ theelepel bakpoeder

40 g/3 eetlepels chocoladedrankpoeder

2 eieren

60 ml/4 lepels melk

150 g suiker (zeer fijn).

100 g zachte margarine

2 rijpe bananen, in plakjes

Meng de bloem, bakpoeder en chocolademelk door elkaar. Mix de resterende ingrediënten ongeveer 20 seconden in een blender of keukenmachine - het mengsel ziet er gestremd uit. Giet bij de droge ingrediënten en meng goed. Verander in een ingevette en met bakpapier beklede cakevorm van 20 cm/8 en bak in een voorverwarmde oven op 180°C/350°F/gasstand 4 gedurende ongeveer 1 uur tot een in het midden gestoken satéprikker er schoon en schoon uitkomt. Stort op een rooster om af te koelen.

Banaan en pindacake

Maakt een cake van 900 g/2 lb

275 g bloem (voor alle doeleinden)

225 g suiker (zeer fijn).

100 g pinda's, fijngehakt

15 ml/1 eetlepel bakpoeder

Een snufje zout

2 eieren, gescheiden

6 bananen, geraspt

Geraspte schil en sap van 1 kleine citroen

50 g boter of margarine, gesmolten

Meng de bloem, suiker, noten, bakpoeder en zout. Klop de eierdooiers los en meng ze door het mengsel met de bananen, citroenrasp en -sap en boter of margarine. Klop de eiwitten stijf en spatel ze dan door het mengsel. Schep in een ingevette bakvorm van 900g/2lb en bak in een voorverwarmde oven op 180°C/350°F/gasstand 4 gedurende 1 uur tot een in het midden gestoken satéprikker er schoon uitkomt. .

Uitgebreide bananen- en rozijnencake

Maakt een cake van 900 g/2 lb

450 g rijpe bananen, geraspt

50 g gehakte gemengde noten

120 ml zonnebloemolie

100 g rozijnen

75 g gerolde haver

150 g volkorenmeel (volkoren)

1,5 ml/¼ tl amandelessence (extract)

Een snufje zout

Meng alle ingrediënten tot een glad, nat mengsel. Schep in een ingevette en met bakpapier beklede bakvorm van 900 g/2 lb en bak in een voorverwarmde oven op 190°C/375°F/gasstand 5 gedurende 1 uur tot ze goudbruin is en een in het midden gestoken satéprikker er schoon uitkomt.. Koel in de pan gedurende 10 minuten voordat u eruit gaat.

Taart met banaan en whisky

Maakt een cake van 25 cm/10

225 g boter of margarine, verzacht

450 g/1 pond/2 kopjes zachte bruine suiker

3 rijpe bananen, geraspt

4 lichtgeklopte eieren

175 g pecannoten, grof gehakt

225 g/8 oz/11/3 kopjes sultana's (rozijnen)

350 g / 12 oz / 3 kopjes bloem (voor alle doeleinden).

15 ml/1 eetlepel bakpoeder

5 ml/1 theelepel gemalen kaneel

2,5 ml/½ theelepel gemalen gember

2,5 ml/½ theelepel gemalen nootmuskaat

150 ml whisky

Klop de boter of margarine en de suiker tot een licht en luchtig geheel. Roer de bananen erdoor en klop dan geleidelijk de eieren erdoor. Meng de walnoten en rozijnen met een grote lepel bloem en meng vervolgens in een aparte kom de resterende bloem met het bakpoeder en de kruiden. Meng de bloem afwisselend met whisky door het roommengsel. Spatel de walnoten en rozijnen erdoor. Giet het mengsel in een niet-ingevette bakvorm van 25 cm/10 en bak in een voorverwarmde oven op 180°C/350°F/gasstand 4 gedurende 1¼ uur tot het veerkrachtig aanvoelt. Laat 10 minuten afkoelen in de vorm voordat je hem op een rooster stort om af te koelen.

Bosbessen taart

Maakt een cake van 23 cm/9

175 g suiker (zeer fijn).

60 ml/4 el olie

1 lichtgeklopt ei

120 ml melk

225 g/8 oz/2 kopjes bloem (voor alle doeleinden).

10 ml/2 tl bakpoeder

2,5 ml/½ tl zout

225 g bosbessen

Voor de bovenkant:

50 g boter of margarine, gesmolten

100 g kristalsuiker

50 g meel (voor alle doeleinden).

2,5 ml/½ theelepel gemalen kaneel

Klop de suiker, olie en ei samen tot ze goed gemengd en bleek zijn. Giet de melk erbij en roer dan de bloem, het bakpoeder en het zout erdoor. Spatel de bosbessen erdoor. Schep het mengsel in een ingevette en met bloem bestoven taartvorm van 23 cm/9. Meng bovenstaande ingrediënten door elkaar en strooi over het mengsel. Bak in een voorverwarmde oven op 190°C/375°F/gasstand 5 gedurende 50 minuten tot een in het midden gestoken satéprikker er schoon uitkomt. Serveer warm.

Kersen geplaveide cake

Maakt een cake van 900 g/2 lb

175 g boter of margarine, verzacht

175 g suiker (zeer fijn).

3 eieren, losgeklopt

225 g/8 oz/2 kopjes bloem (voor alle doeleinden).

2,5 ml/½ theelepel bakpoeder

100 g sultana's (rozijnen)

150 g geglaceerde kersen (gekonfijt), gehakt

225 g/8 oz verse kersen, ontpit (ontpit) en gehalveerd

30 ml/2 el abrikozenjam (geconserveerd)

Klop de boter of margarine zacht en klop dan de suiker erdoor. Meng de eieren erdoor, dan de bloem, het bakpoeder, de rozijnen en de gekonfijte kersen. Schep in een ingevette bakvorm van 900 g/2 lb en bak in een voorverwarmde oven op 160°C/325°F/gasstand 3 gedurende 2½ uur. Laat 5 minuten in de vorm staan en leg ze dan op een rooster om verder af te koelen.

Schik de kersen na elkaar op de taart. Breng de abrikozenjam aan de kook in een kleine pan, zeef (giet af) en bestrijk de cake om te glazuren.

Taart met kersen en kokos

Maakt een taart van 20 cm/8 cm

350 g zelfrijzend bakmeel

175 g boter of margarine

225 g geglaceerde kersen (gezoet), in kwarten

100 g gedroogde kokosnoot (versnipperd).

175 g suiker (zeer fijn).

2 grote eieren, licht losgeklopt

200 ml magere melk

Doe de bloem in een kom en bestrijk met boter of margarine tot het mengsel op broodkruimels lijkt. Giet de kersen in de kokosnoot, voeg dan toe aan het suikermengsel en meng voorzichtig door elkaar. Voeg de eieren en het grootste deel van de melk toe. Klop goed, voeg indien nodig extra melk toe om een gladde, gemotregende consistentie te krijgen. Maak er een ingevette en met bakpapier beklede cakevorm van 20 cm/8 van. Bak in een voorverwarmde oven op 180°C/gasstand 4 gedurende 1½ uur tot een in het midden gestoken satéprikker er schoon uitkomt.

Taart met kersen en sultanarozijnen

Maakt een cake van 900 g/2 lb

100 g boter of margarine, verzacht

100 g/4 oz/½ kopje suiker (zeer fijn).

3 lichtgeklopte eieren

100 g geglaceerde kersen (gekonfijt).

350 g/12 oz/2 kopjes sultana's (rozijnen)

175 g/6 oz/1½ kopjes bloem (voor alle doeleinden).

Een snufje zout

Klop de boter of margarine en de suiker tot een licht en luchtig geheel. Voeg geleidelijk de eieren toe. Roer de kersen en sultanarozijnen door een beetje bloem om ze te bedekken en gooi de resterende bloem door het zoutmengsel. Roer de kersen en rozijnen erdoor. Schep het mengsel in een ingevette en met bakpapier beklede vorm (bakplaat) van 900 g/2 lb en bak in een voorverwarmde oven op 160°C/325°F/gasstand 3 gedurende 1½ uur tot een in het midden gestoken satéprikker er schoon uitkomt.

Cake met ijskersen en walnoten

Maakt een cake van 18 cm/7

100 g boter of margarine, verzacht

100 g/4 oz/½ kopje suiker (zeer fijn).

2 lichtgeklopte eieren

15 ml/1 lepel pure honing

150 g zelfrijzend bakmeel

5 ml/1 theelepel bakpoeder

Een snufje zout

Voor de decoratie:

225 g/8 oz/11/3 kopjes poedersuiker (banketbakkers), gezeefd

30 ml/2 eetlepels water

Een paar druppels rode kleurstof

4 geglaceerde kersen (gekonfijt), gehalveerd

4 walnoothelften

Klop de boter of margarine en de suiker tot een licht en luchtig geheel. Klop geleidelijk de eieren en honing erdoor en spatel dan de bloem, het bakpoeder en het zout erdoor. Schep het mengsel in een ingevette en met bakpapier beklede bakvorm van 18 cm/8 en bak in een voorverwarmde oven op 190 °C/375 °F/gasstand 5 gedurende 20 minuten tot het goed gerezen en stevig aanvoelt. Laat het afkoelen.

Doe de poedersuiker in een kom en klop geleidelijk met voldoende water om een glazuur te maken. Smeer vooral over de bovenkant van de cake. Kleur het resterende glazuur met een paar druppels kleurstof en voeg een beetje poedersuiker toe als het glazuur te dun wordt. Spuit of giet de crème fraîche over de cake om deze in stukjes te breken en versier met de geglaceerde kersen en walnoten.

Damson taart

Maakt een taart van 20 cm/8 cm

100 g boter of margarine, verzacht

75 g zachte bruine suiker

2 lichtgeklopte eieren

225 g zelfrijzend bakmeel

450 g pruimen, ontpit (ontpit) en gehalveerd

50 g gehakte gemengde noten.

Roer de boter of margarine en suiker tot een licht en luchtig mengsel en voeg geleidelijk de eieren toe, goed kloppend na elke toevoeging. Spatel de bloem en damastpruimen erdoor. Schep het mengsel in een ingevette en met bakpapier beklede pan van 20 cm/8 en bestrooi met walnoten. Bak in een voorverwarmde oven op 190°C/375°F/gasstand 5 gedurende 45 minuten tot het stevig aanvoelt. Laat 10 minuten afkoelen in de vorm voordat je hem op een rooster stort om af te koelen.

Cake met dadels en walnoten

Maakt een cake van 23 cm/9

300 ml kokend water

225 g/8 oz/1 1/3 kopjes dadels, ontpit (ontpit) en fijngehakt

5 ml/1 theelepel zuiveringszout (baking soda)

75 g boter of margarine, verzacht

225 g suiker (zeer fijn).

1 losgeklopt ei

275 g bloem (voor alle doeleinden)

Een snufje zout

2,5 ml/½ theelepel bakpoeder

50 g walnoten, gehakt

Voor de bovenkant:

50 g zachte bruine suiker

25 g boter of margarine

30 ml/2 lepels melk

Een paar walnoothelften om te versieren

Giet het water, de dadels en de baking soda in een kom en laat 5 minuten staan. Klop de boter of margarine en de suiker romig en meng het ei met het water en de dadels. Meng de bloem, het zout en het bakpoeder en spatel dit door het notenmengsel. Verander in een ingevette en met bakpapier beklede cakevorm van 23 cm/9 en bak in een voorverwarmde oven op 180°C/350°F/gasstand 4 gedurende 1 uur tot het gestold is. Koel op een rooster.

Meng voor de topping de suiker, boter en melk tot een gladde massa. Verdeel over de cake en versier met walnoothelften.

Citroencake

Maakt een taart van 20 cm/8 cm

175 g boter of margarine, verzacht

175 g suiker (zeer fijn).

2 eieren, losgeklopt

225 g zelfrijzend bakmeel

Sap en geraspte schil van 1 citroen

60 ml/4 lepels melk

Klop de boter of margarine en 100 g/4 oz/½ kopje suiker romig. Voeg beetje bij beetje de eieren toe en dan de bloem en de geraspte citroenschil. Roer voldoende melk erdoor om een gladde consistentie te krijgen. Giet het mengsel in een ingevette en beklede cakevorm van 20 cm/8 en bak in een voorverwarmde oven op 180°C/350°F/gasstand 4 gedurende 1 uur tot ze goudbruin zijn. Los de resterende suiker op in het citroensap. Prik met een vork gaatjes in de hete cake en giet de vloeistof erover. Laat het afkoelen.

Sinaasappel- en amandelcake

Maakt een taart van 20 cm/8 cm

4 gedeelde eieren

100 g/4 oz/½ kopje suiker (zeer fijn).

Geraspte schil van 1 sinaasappel

50 g amandelen, fijngehakt

50 g gemalen amandelen

Voor de siroop:

100 g/4 oz/½ kopje suiker (zeer fijn).

300 ml sinaasappelsap

15 ml/1 eetlepel sinaasappellikeur (optioneel)

1 kaneelstokje

Klop de eidooiers, suiker, sinaasappelschil, amandelen en gemalen amandelen door elkaar. Klop de eiwitten stijf en spatel ze dan door het mengsel. Schep in een ingevette en met bloem bestoven 20 cm/8 in een vorm met losse bodem (bak) en bak in een voorverwarmde oven op 180°C/350°F/gasstand 4 gedurende 45 minuten tot het duurzaam aanvoelt. Prik rondom in met een satéprikker en laat afkoelen.

Los ondertussen de suiker op in het sinaasappelsap en de likeur, indien gebruikt, op laag vuur met het kaneelstokje en roer af en toe. Breng aan de kook en laat sudderen tot het een dunne siroop wordt. Gooi de kaneel weg. Lepel de warme siroop over de cake en laat even intrekken.

Havermout cake

Maakt een cake van 900 g/2 lb

100 g havermout

300 ml kokend water

100 g boter of margarine, verzacht

225 g/8 oz/1 kopje zachte bruine suiker

225 g suiker (zeer fijn).

2 lichtgeklopte eieren

175 g/6 oz/1½ kopjes bloem (voor alle doeleinden).

10 ml/2 tl bakpoeder

5 ml/1 theelepel zuiveringszout (baking soda)

5 ml/1 theelepel gemalen kaneel

Week haver in kokend water. Klop de boter of margarine en de suikers tot een licht en luchtig geheel. Klop geleidelijk de eieren erdoor en spatel dan de bloem, het bakpoeder, de baksoda en de kaneel erdoor. Giet ten slotte het havermengsel erbij en roer tot alles goed gemengd is. Schep in een ingevette en met bakpapier beklede bakvorm van 900 g/2 lb en bak in een voorverwarmde oven op 180°C/350°F/gasstand 4 gedurende ongeveer 1 uur tot het stevig aanvoelt

Mandarijn Mandarijn Taart Met Glazuur

Maakt een taart van 20 cm/8 cm

175 g/6 oz/3/4 kopje zachte kuipmargarine

250 g / 9 oz / royale 1 kop suiker (zeer fijn).

225 g zelfrijzend bakmeel

5 ml/1 theelepel bakpoeder

3 eieren

Fijngeraspte schil en sap van 1 kleine sinaasappel

300 g/1 medium blikje mandarijntjes, goed uitgelekt

Fijngeraspte schil en sap van 1/2 citroen

Combineer margarine, 175 g suiker, bloem, bakpoeder, eieren, sinaasappelschil en -sap in een keukenmachine of klop met een elektrische mixer tot een gladde massa. Hak de mandarijnen grof en spatel ze erdoor. Lepel in een ingevette en met bakpapier beklede ovenschaal (bakplaat) van 20 cm. Maak het oppervlak glad. Bak in een voorverwarmde oven op 180°C/350°F/gasstand 4 gedurende 1 uur en 10 minuten of tot een in het midden gestoken satéprikker er schoon uitkomt. Laat 5 minuten afkoelen, haal dan uit de pan en plaats op een rooster. Meng ondertussen de resterende suiker met de citroenschil en het sap tot een pasta. Verdeel erover en laat afkoelen.

Oranje taart

Maakt een taart van 20 cm/8 cm

175 g boter of margarine, verzacht

175 g suiker (zeer fijn).

2 eieren, losgeklopt

225 g zelfrijzend bakmeel

Sap en geraspte schil van 1 sinaasappel

60 ml/4 lepels melk

Klop de boter of margarine en 100 g/4 oz/½ kopje suiker romig. Voeg beetje bij beetje de eieren toe en spatel dan de bloem en de geraspte sinaasappelschil erdoor. Roer voldoende melk erdoor om een gladde consistentie te krijgen. Giet het mengsel in een ingevette en met bakpapier beklede cakevorm van 20 cm/8 en bak in een voorverwarmde oven op 180°C/350°F/gasstand 4 in 1 uur goudbruin en goudbruin. Los de resterende suiker op in het sinaasappelsap. Prik met een vork gaatjes in de hete cake en giet de vloeistof erover. Laat het afkoelen.

Perzik taart

Maakt een cake van 23 cm/9

100 g boter of margarine, verzacht

225 g suiker (zeer fijn).

3 eieren, gescheiden

450 g/1 pond/4 kopjes bloem (voor alle doeleinden).

Een snufje zout

5 ml/1 theelepel zuiveringszout (baking soda)

120 ml melk

225 g perzikjam (uit blik)

Klop de boter of margarine en de suiker romig. Klop geleidelijk de eidooiers erdoor en voeg dan de bloem en het zout toe. Meng de bicarbonaat of soda met de melk, meng dan door de cakemix en vervolgens door de jam. Klop de eiwitten stijf en spatel ze dan door het mengsel. Doe twee lepels in ingevette en met bakpapier beklede taartvormen (pannen) van 23 cm/9 en bak ze in een voorverwarmde oven op 180°C/350°F/gasstand 4 gedurende 25 minuten tot ze goed bruin zijn en elastisch aanvoelen.

Sinaasappel en Marsala Cake

Maakt een cake van 23 cm/9

175 g sultana's (rozijnen)

120 ml Marsala

175 g boter of margarine, verzacht

100g/4oz/½ kopje zachte bruine suiker

225 g suiker (zeer fijn).

3 lichtgeklopte eieren

Fijngeraspte schil van 1 sinaasappel

5 ml/1 theelepel oranjebloesemwater

275 g bloem (voor alle doeleinden)

10 ml/2 theelepels zuiveringszout (baking soda)

Een snufje zout

375 ml karnemelk

Sinaasappelroom likeur

Laat rozijnen een nacht weken in Marsala.
Klop de boter of margarine en de suikers tot een licht en luchtig geheel. Klop geleidelijk de eieren erdoor en meng de sinaasappelrasp en het oranjebloesemwater erdoor. Zeef de bloem, baksoda en zout afwisselend met de karnemelk erdoor. Roer de geweekte rozijnen en Marsala erdoor. Laat twee eetlepels ingevette en met bakpapier beklede cakevorm (bakplaat) van 23 cm/9 vallen en bak in een voorverwarmde oven op 180°C/350°F/gasstand 4 gedurende 35 minuten tot hij veerkrachtig aanvoelt en begint te rijzen en van de zijkanten begint te krimpen. van blikken. Laat 10 minuten afkoelen in de vorm voordat je hem op een rooster stort om af te koelen.

Sandwich de cakes samen met de helft van de sinaasappellikeurroom en verdeel de resterende room erover.

Perzik en peren cake

Maakt een cake van 23 cm/9

175 g boter of margarine, verzacht

150 g suiker (zeer fijn).

2 lichtgeklopte eieren

75 g volkorenmeel (volkoren).

75 g bloem (voor alle doeleinden).

10 ml/2 tl bakpoeder

15 ml/1 eetlepel melk

2 perziken, ontpit (ontpit), geschild en in plakjes

2 peren, geschild, klokhuis verwijderd en in plakjes gesneden

30 ml/2 eetlepels poedersuiker (banketbakkers), gezeefd

Klop de boter of margarine en de suiker tot een licht en luchtig geheel. Klop geleidelijk de eieren erdoor, voeg dan de bloem en het bakpoeder toe en voeg de melk toe om het mengsel een druilerige consistentie te geven. Spatel de perziken en peren erdoor. Verdeel het mengsel in een ingevette en met een lepel beklede vorm van 23 cm/9 en bak in een voorverwarmde oven op 190°C/375°F/gasstand 5 gedurende 1 uur tot het goed bruin en veerkrachtig aanvoelt. Laat 10 minuten afkoelen in de vorm voordat je hem op een rooster stort om af te koelen. Bestrooi voor het serveren met poedersuiker.

Vochtige Ananascake

Maakt een taart van 20 cm/8 cm

100 g boter of margarine

350 g/12 oz/2 kopjes gemengd gedroogd fruit (fruit cake mix)

225 g/8 oz/1 kopje zachte bruine suiker

5 ml/1 tl gemalen gemengde kruiden (appeltaart).

5 ml/1 theelepel zuiveringszout (baking soda)

425 g/15 oz/1 groot blik geplette ongezoete ananas, uitgelekt

225 g zelfrijzend bakmeel

2 eieren, losgeklopt

Doe alle ingrediënten behalve de bloem en eieren in een pan en verwarm onder goed roeren zachtjes tot het kookpunt. Laat 3 minuten gestaag sudderen en laat het mengsel dan volledig afkoelen. Giet de bloem erbij en meng geleidelijk de eieren erdoor. Giet het mengsel in een ingevette en met bakpapier beklede cakevorm van 20 cm/8 en bak in een voorverwarmde oven op 180°C/350°F/gasovenstand 4 gedurende 1½–1¾ uur tot het goed gevuld is en hard aanvoelt. Laat afkoelen in de pan.

Ananas en kersencake

Maakt een taart van 20 cm/8 cm

100 g boter of margarine, verzacht

100 g suiker (zeer fijn).

2 eieren, losgeklopt

225 g zelfrijzend bakmeel

2,5 ml/½ theelepel bakpoeder

2,5 ml/½ theelepel gemalen kaneel

175 g sultana's (rozijnen)

25 g geglaceerde kersen (gekonfijt).

400 g/14 oz/1 groot blik ananas, uitgelekt en fijngehakt

30 ml/2 eetlepels cognac of rum

Icing (banketbakkers) suiker, gezeefd, om te bestuiven

Klop de boter of margarine en de suiker tot een licht en luchtig geheel. Klop geleidelijk de eieren erdoor en voeg dan de bloem, bakpoeder en kaneel toe. Meng voorzichtig de overige ingrediënten erdoor. Schep het mengsel in een ingevette en met bakpapier beklede vorm van 20 cm/8 en bak in een voorverwarmde oven op 160°C/325°F/gasstand 3 gedurende 1½ uur tot een in het midden gestoken satéprikker er schoon en schoon uitkomt. Laat afkoelen en serveer bestrooid met poedersuiker.

Geboorte Ananas Taart

Maakt een cake van 23 cm/9

50 g boter of margarine

100 g/4 oz/½ kopje suiker (zeer fijn).

1 lichtgeklopt ei

150 g zelfrijzend bakmeel

Een snufje zout

120 ml melk

Voor de bovenkant:

100 g verse of ingeblikte ananas, grof gehakt

1 opgegeten appel (dessert), geschild, gesneden en grof geraspt

120 ml sinaasappelsap

15 ml/1 eetlepel citroensap

100 g/4 oz/½ kopje suiker (zeer fijn).

5 ml/1 theelepel gemalen kaneel

Smelt de boter of margarine en klop met de suiker en het ei schuimig. Klop de bloem en het zout afwisselend met de melk erdoor tot een deeg. Schep in een ingevette en met bakpapier beklede vorm van 23 cm/9 en bak in een voorverwarmde oven op 180°C/350°F/gasstand 4 gedurende 25 minuten tot ze goudbruin en veerkrachtig zijn.

Breng alle bovenstaande ingrediënten aan de kook en laat 10 minuten sudderen. Lepel over de warme cake en braden (koken) tot de ananas bruin begint te worden. Koel alvorens warm of koud te serveren.

Ananas ondersteboven

Maakt een taart van 20 cm/8 cm

175 g boter of margarine, verzacht

175 g zachte bruine suiker

400 g/14 oz/1 groot blik ananasschijfjes, uitgelekt en sap bewaard

4 geglaceerde kersen (gekonfijt), gehalveerd

2 eieren

100 g zelfrijzend bakmeel

Klop 75 g/3 oz/1/3 kop boter of margarine met 75 g/3 oz/1/3 kop suiker licht en luchtig en verdeel over de bodem van een ingevette 20 cm/8 in cakevorm (pan). Schik de ananasschijfjes erop en bedek met de kersen, afgeronde kanten naar beneden. Roer de overgebleven boter of margarine en suiker romig en klop dan geleidelijk de eieren erdoor. Roer de bloem en 30 ml/2 eetlepels van het achtergehouden ananassap erdoor. Lepel de ananas erbij en bak in een voorverwarmde oven op 180°C/gasstand 4 gedurende 45 minuten tot hij stevig aanvoelt. Laat 5 minuten in de vorm afkoelen, haal dan voorzichtig uit de vorm en stort op een rooster om af te koelen.

Ananas en walnotencake

Maakt een cake van 23 cm/9

225 g boter of margarine, verzacht

225 g suiker (zeer fijn).

5 eieren

350 g / 12 oz / 3 kopjes bloem (voor alle doeleinden).

100 g walnoten, grof gehakt

100 g/4 oz/2/3 kop glace (gezoete) ananas, gehakt

Een beetje melk

Klop de boter of margarine en de suiker tot een licht en luchtig geheel. Klop geleidelijk de eieren erdoor en spatel dan de bloem, walnoten en ananas erdoor en voeg voldoende melk toe om een druilerige consistentie te krijgen. Schep in een ingevette en met bakpapier beklede vorm van 23 cm/9 en bak in een voorverwarmde oven op 150°C/300°F/gasstand 2 gedurende 1½ uur tot een in het midden gestoken satéprikker er schoon uitkomt.

Frambozen cake

Maakt een taart van 20 cm/8 cm

100 g boter of margarine, verzacht

200 g / 7 oz / weinig 1 kopje suiker (zeer fijn).

2 lichtgeklopte eieren

250 ml zure room (zure room).

5 ml/1 tl vanille-essence (extract)

250 g/9 oz/2¼ kopjes bloem (voor alle doeleinden).

5 ml/1 theelepel bakpoeder

5 ml/1 theelepel zuiveringszout (baking soda)

5 ml/1 lepel cacao (suikervrije chocolade).

2,5 ml/½ tl zout

100 g bevroren verse of ontdooide frambozen

Voor de bovenkant:

30 ml/2 el suiker (superfijn).

5 ml/1 theelepel gemalen kaneel

Klop de boter of margarine en de suiker romig. Klop geleidelijk de eieren erdoor, daarna de zure room en de vanille-essence. Zeef de bloem, bakpoeder, baksoda, cacao en zout erdoor. Spatel de frambozen erdoor. Schep in een ingevette bakvorm van 20 cm. Meng de suiker en kaneel door elkaar en strooi over de cake. Bak in een voorverwarmde oven op 200°C/400°F/gasstand 4 gedurende 35 minuten tot ze goudbruin zijn en een in het midden gestoken satéprikker er schoon uitkomt. Bestrooi met suiker gemengd met kaneel.

Rabarber taart

Maakt een taart van 20 cm/8 cm

225 g/8 oz/2 kopjes volkoren (volkoren) meel.

10 ml/2 tl bakpoeder

10 ml/2 theelepel gemalen kaneel

45 ml/3 lepels pure honing

175 g sultana's (rozijnen)

2 eieren

150 ml melk

225 g rabarber, gehakt

30 ml/2 el demerara suiker

Meng alle ingrediënten behalve rabarber en suiker. Laat de rabarber vallen en schep in een ingevette en met bloem bestoven ovenschaal van 20 cm/8 inch (bakplaat). Bestrooi met suiker. Bak in een voorverwarmde oven op 180°C/350°F/gasstand 4 gedurende 45 minuten tot het stevig is. Laat 10 minuten afkoelen in de vorm voordat je eruit gaat.

Honing rabarbertaart

Maakt twee cakes van 450 g/1 lb

250 g pure honing

120 ml olie

1 lichtgeklopt ei

15 ml/1 eetlepel zuiveringszout (baking soda)

150 ml pure yoghurt

75 ml/5 el water

350 g / 12 oz / 3 kopjes bloem (voor alle doeleinden).

10 ml/2 eetlepels zout

350 g rabarber, fijngehakt

5 ml/1 tl vanille-essence (extract)

50 g gehakte gemengde noten

Voor de bovenkant:

75 g zachte bruine suiker

5 ml/1 theelepel gemalen kaneel

15 ml/1 eetlepel gesmolten boter of margarine

Meng de honing en olie door elkaar en klop dan het ei erdoor. Roer de natriumbicarbonaat door de yoghurt en het water tot het is opgelost. Meng de bloem en het zout en voeg dit afwisselend met de yoghurt toe aan het honingmengsel. Meng de rabarber, vanille-essence en walnoten erdoor. Giet in twee ingevette en beklede blikken (pannen) van 450 g/1 lb. Meng de ingrediënten voor de topping door elkaar en strooi over de cakes. Bak in een voorverwarmde oven op 160°C/325°F/gasstand 3 gedurende 1 uur tot ze stevig aanvoelen en goudbruin zijn. Laat 10 minuten afkoelen in de vormpjes en stort ze dan op een rooster om verder af te koelen.

Bietentaart

Maakt een taart van 20 cm/8 cm

250 g/9 oz/1¼ kopjes bloem (voor alle doeleinden).

15 ml/1 eetlepel bakpoeder

5 ml/1 theelepel gemalen kaneel

Een snufje zout

150 ml olie

300 g/11 oz/11/3 kopjes suiker (zeer fijn).

3 eieren, gescheiden

150 g rauwe rode biet, geschild en grof geraspt

150 g wortelen, grof gehakt

100 g gehakte gemengde noten

Meng de bloem, bakpoeder, kaneel en zout door elkaar. Klop de olie en suiker los. Klop de eidooiers, bieten, wortelen en walnoten los. Klop de eiwitten stijf en spatel ze dan met een metalen lepel door het mengsel. Schep het mengsel in een ingevette en met bakpapier beklede bakvorm van 20 cm/8 en bak in een voorverwarmde oven op 180°C/350°F/gasstand 4 gedurende 1 uur tot het veerkrachtig aanvoelt.

Wortel- en bananencake

Maakt een taart van 20 cm/8 cm

175 g wortelen, versnipperd

2 bananen, geraspt

75 g/3 oz/½ kopje rozijnen (rozijnen)

50 g gehakte gemengde noten

175 g zelfrijzend bakmeel

5 ml/1 theelepel bakpoeder

5 ml/1 tl gemalen gemengde kruiden (appeltaart).

Sap en geraspte schil van 1 sinaasappel

2 eieren, losgeklopt

75 g/3 oz/1/2 kopje lichte muscovadosuiker

100 ml zonnebloemolie

Meng alle ingrediënten samen tot ze goed gemengd zijn. Schep in een ingevette en met bakpapier beklede cakevorm van 20 cm/8 (cakevorm) en bak in een voorverwarmde oven op 180°C/350°F/gasstand 4 gedurende 1 uur tot een in het midden gestoken satéprikker er schoon uitkomt.

Wortel- en appeltaart

Maakt een cake van 23 cm/9

250 g zelfrijzend bakmeel

5 ml/1 theelepel zuiveringszout (baking soda)

5 ml/1 theelepel gemalen kaneel

175 g zachte bruine suiker

Fijngeraspte schil van 1 sinaasappel

3 eieren

200 ml/7 ml oz/weinig 1 kopje olie

150 g eetbare (dessert) appels, geschild, klokhuis verwijderd en in stukjes gesneden

150 g wortelen, versnipperd

100 g/4 oz/2/3 kop kant-en-klare gedroogde abrikozen, gehakt

100 g walnoten of pecannoten, gehakt

Meng de bloem, bakpoeder en kaneel door elkaar en meng dan de suiker en sinaasappelschil erdoor. Klop de eieren los in de olie en roer dan de appel, wortelen en tweederde van de abrikozen en walnoten erdoor. Giet het bloemmengsel en schep het in een ingevette en met bakpapier beklede bakvorm (bakplaat) van 23 cm/9 inch. Bestrooi met de resterende gehakte abrikozen en walnoten. Bak in een voorverwarmde oven op 180°C/350°F/gasstand 4 gedurende 30 minuten tot het stevig is. Laat iets afkoelen in de vorm en leg het dan op een rooster om af te koelen.

Wortel- en kaneelcake

Maakt een taart van 20 cm/8 cm

100 g volkorenmeel (volkorenmeel).

100 g bloem (voor alle doeleinden).

15 ml/1 el gemalen kaneel

5 ml/1 lepel gemalen nootmuskaat

10 ml/2 tl bakpoeder

100 g boter of margarine

100 g pure honing

100g/4oz/½ kopje zachte bruine suiker

225 g wortelen, versnipperd

Meng de bloem, kaneel, nootmuskaat en bakpoeder in een kom. Smelt de boter of margarine met de honing en suiker en roer dit door de bloem. Roer de wortels erdoor en meng goed. Schep in een ingevette en met bakpapier beklede bakvorm van 20 cm/8 en bak in een voorverwarmde oven op 160°C/325°F/gasstand 3 gedurende 1 uur tot een in het midden gestoken satéprikker er schoon uitkomt. Laat 10 minuten in de vorm afkoelen en stort dan op een rooster om af te koelen.

Wortel- en pompoencake

Maakt een cake van 23 cm/9

2 eieren

175 g zachte bruine suiker

100 g wortelen, versnipperd

50 g/2 oz courgette (courgette), gehakt

75 ml/5 el olie

225 g zelfrijzend bakmeel

2,5 ml/½ theelepel bakpoeder

5 ml/1 tl gemalen gemengde kruiden (appeltaart).

Roomkaas roomkaas

Meng de eieren, suiker, wortels, pompoen en olie. Giet de bloem, bakpoeder en gemengde kruiden erbij en meng tot een gladde massa. Schep in een ingevette en met bakpapier beklede vorm van 23 cm/9 en bak in een voorverwarmde oven op 180°C/350°F/gasstand 4 gedurende 30 minuten tot een in het midden gestoken satéprikker er schoon en schoon uitkomt. Laat afkoelen en besmeer dan met cream cheese frosting.

Wortel- en gembercake

Maakt een taart van 20 cm/8 cm

175 g boter of margarine

100 g golden syrup (lichte mais).

120 ml water

100g/4oz/½ kopje zachte bruine suiker

150 g wortelen, grof gehakt

5 ml/1 theelepel zuiveringszout (baking soda)

200 g bloem (voor alle doeleinden).

100 g zelfrijzend bakmeel

5 ml/1 el gemalen gember

Een snufje zout

Voor de crème (brica):
175 g poedersuiker (banketbakkers), gezeefd

5 ml/1 eetlepel zachte boter of margarine

30 ml/2 el citroensap

Smelt de boter of margarine met de siroop, het water en de suiker en breng aan de kook. Haal van het vuur en roer de wortels en bakpoeder erdoor. Laat het afkoelen. Meng de bloem, gember en zout, schep in een ingevette bakvorm van 20 cm/8 en bak in een voorverwarmde oven op 180°C/350°F/gasstand 4 gedurende 45 minuten tot ze goed bruin en veerkrachtig zijn. de aanraking. Giet af en laat afkoelen.

Meng de poedersuiker met de boter of margarine en voldoende citroensap om een custard te maken. Snijd de cake horizontaal doormidden, gebruik dan de helft van de room om de cake samen te smeren en verdeel de rest erover.

Wortel- en walnotencake

Maakt een cake van 18 cm/7

2 grote eieren, gescheiden

150 g suiker (zeer fijn).

225 g wortelen, versnipperd

150g/5oz/1¼ kopje gehakte gemengde noten

10 ml/2 tl geraspte citroenschil

50g/2oz/½ kopje bloem (voor alle doeleinden).

2,5 ml/½ theelepel bakpoeder

Klop de eierdooiers en de suiker tot een dikke en romige massa. Meng de wortels, walnoten en citroenschil erdoor en voeg dan de bloem en het bakpoeder toe. Klop de eiwitten tot ze zachte pieken vormen en spatel ze dan door het mengsel. Draai het in een 19 cm/7 ingevette vorm (pan). Bak in een voorverwarmde oven op 180°C/350°F/gasstand 4 gedurende 40-45 minuten tot een in het midden gestoken satéprikker er schoon uitkomt.

Wortel-, sinaasappel- en walnotencake

Maakt een taart van 20 cm/8 cm

100 g boter of margarine, verzacht

100g/4oz/½ kopje zachte bruine suiker

5 ml/1 theelepel gemalen kaneel

5 ml/1 theelepel geraspte sinaasappelschil

2 lichtgeklopte eieren

15 ml/1 eetlepel sinaasappelsap

100 g wortelen, fijngehakt

50 g gehakte gemengde noten

225 g zelfrijzend bakmeel

5 ml/1 theelepel bakpoeder

Roer de boter of margarine, suiker, kaneel en sinaasappelschil tot een licht en luchtig geheel. Klop geleidelijk de eieren en het sinaasappelsap erdoor en voeg dan de wortels, walnoten, bloem en bakpoeder toe. Schep in een ingevette en met bakpapier beklede vorm van 20 cm/8 en bak in een voorverwarmde oven op 180°C/350°F/gasstand 4 gedurende 45 minuten tot het veerkrachtig aanvoelt.

Wortel-, ananas- en kokoscake

Maakt een cake van 25 cm/10

3 eieren

350g/12oz/1½ kopjes suiker (zeer fijn).

300 ml olie

5 ml/1 tl vanille-essence (extract)

225 g/8 oz/2 kopjes bloem (voor alle doeleinden).

5 ml/1 theelepel zuiveringszout (baking soda)

10 ml/2 theelepel gemalen kaneel

5 ml/1 lepel zout

225 g wortelen, versnipperd

100 g ananas uit blik, uitgelekt en geplet

100 g gedroogde kokosnoot (versnipperd).

100 g gehakte gemengde noten

Poedersuiker (banketbakkers), gezeefd, om te bestrooien

Klop de eieren, suiker, olie en vanille-essence door elkaar. Meng de bloem, baksoda, kaneel en zout door elkaar en giet dit beetje bij beetje bij het mengsel. Spatel de wortels, ananas, kokosnoot en walnoten erdoor. Schep in een ingevette en met bloem bestoven taartvorm (vorm) van 25 cm/10 en bak in een voorverwarmde oven op 160°C/325°F/gasstand 3 gedurende 1¼ uur tot een in het midden gestoken satéprikker er schoon uitkomt. Laat 10 minuten afkoelen in de vorm voordat je hem op een rooster stort om af te koelen. Bestrooi voor het serveren met poedersuiker.

Wortel- en pistachecake

Maakt een cake van 23 cm/9

100 g boter of margarine, verzacht

100 g/4 oz/½ kopje suiker (zeer fijn).

2 eieren

225 g/8 oz/2 kopjes bloem (voor alle doeleinden).

5 ml/1 theelepel zuiveringszout (baking soda)

5 ml/1 el gemalen kardemom

225 g wortelen, versnipperd

50 g pistachenoten, gehakt

50 g gemalen amandelen

100 g sultana's (rozijnen)

Klop de boter of margarine en de suiker tot een licht en luchtig geheel. Klop geleidelijk de eieren erdoor, klop goed na elke toevoeging, voeg dan de bloem, baksoda en kardemom toe. Meng de wortelen, walnoten, gemalen amandelen en rozijnen erdoor. Schep het mengsel in een ingevette en met bakpapier beklede vorm van 23 cm/9 en bak in een voorverwarmde oven op 180°C/350°F/gasstand 4 gedurende 40 minuten tot het goed bruin en goudbruin is en elastisch aanvoelt.

Wortel- en walnotencake

Maakt een cake van 23 cm/9

200 ml/7 ml oz/weinig 1 kopje olie

4 eieren

225 g pure honing

225 g/8 oz/2 kopjes volkoren (volkoren) meel.

10 ml/2 tl bakpoeder

2,5 ml/½ theelepel zuiveringszout (baking soda)

Een snufje zout

5 ml/1 tl vanille-essence (extract)

175 g wortelen, grof gehakt

175 g rozijnen

100 g walnoten, fijngehakt

Meng de olie, eieren en honing. Meng geleidelijk alle resterende ingrediënten en klop tot alles goed gecombineerd is. Schep in een ingevette en met bloem bestoven taartvorm van 23 cm/9 (taart) en bak in een voorverwarmde oven op 180°C/350°F/gasstand 4 gedurende 1 uur tot een in het midden gestoken satéprikker er schoon uitkomt.

Gekruide Worteltaart

Maakt een cake van 18 cm/7

175 g/6 oz/1 kopje dadels

120 ml water

175 g boter of margarine, verzacht

2 lichtgeklopte eieren

225 g zelfrijzend bakmeel

175 g wortelen, fijngehakt

25 g gemalen amandelen

Geraspte schil van 1 sinaasappel

2,5 ml/½ tl gemalen gemengde kruiden (appeltaart).

2,5 ml/½ theelepel gemalen kaneel

2,5 ml/½ theelepel gemalen gember

Voor de crème (brica):

350 g kwark

25 g/2 el boter of margarine, zacht

Geraspte schil van 1 sinaasappel

Doe de dadels en het water in een kleine pan, breng aan de kook en laat 10 minuten sudderen tot ze zacht zijn. Verwijder de pitjes en gooi ze weg, hak vervolgens de dadels fijn. Meng dadels en sap, boter of margarine en eieren tot een romig geheel. Spatel alle resterende cake-ingrediënten erdoor. Schep het mengsel in een ingevette en met bakpapier beklede bakvorm van 18 cm/7 en bak in een voorverwarmde oven op 180°C/350°F/gasstand 4 gedurende 1 uur tot een in het midden gestoken satéprikker er schoon uitkomt. Laat 10 minuten afkoelen in de vorm voordat je hem op een rooster stort om af te koelen.

Om de room te maken, klop je alle ingrediënten door elkaar tot je een smeerbare consistentie hebt, voeg indien nodig wat meer sinaasappelsap of water toe. Snijd de cake horizontaal doormidden, leg de lagen op elkaar met de helft van de room en verdeel de rest erover.

Wortel en bruine suikercake

Maakt een cake van 18 cm/7

5 gedeelde eieren

200 g / 7 oz / weinig 1 kopje zachte bruine suiker

15 ml/1 eetlepel citroensap

300 g wortelen, geraspt

225 g gemalen amandelen

25 g volkoren (volkoren)meel.

5 ml/1 theelepel gemalen kaneel

25 g boter of margarine, gesmolten

25 g / 1 oz / 2 eetlepels suiker (superfijn).

30 ml/2 schepjes room (light).

75 g gehakte gemengde noten

Klop de eidooiers schuimig, klop de suiker glad en klop dan het citroensap erdoor. Voeg een derde van de wortels toe, dan een derde van de amandelen en ga door tot alles is gecombineerd. Roer de bloem en kaneel erdoor. Klop de eiwitten stijf en spatel ze met een metalen lepel door het mengsel. Vorm een ingevette en met bakpapier beklede cakevorm (bakplaat) van 18 cm diep en bak in een voorverwarmde oven op 180°C/350°F/gasstand 4 gedurende 1 uur. Bedek de cake losjes met bakpapier en verlaag de oventemperatuur tot 160 °C/325 °F/gasstand 3 gedurende nog eens 15 minuten of totdat de cake iets is geslonken vanaf de zijkanten van de vorm en het midden nog steeds vochtig. . Laat de cake in de vorm totdat hij warm is en laat hem dan afkoelen.

Combineer de gesmolten boter of margarine, suiker, room en noten, giet over de cake en bak onder een medium grill (grill) tot ze goudbruin zijn.

Cake met pompoen en erwten

Maakt een taart van 20 cm/8 cm

225 g suiker (zeer fijn).

2 eieren, losgeklopt

120 ml olie

100 g bloem (voor alle doeleinden).

5 ml/1 theelepel bakpoeder

2,5 ml/½ theelepel zuiveringszout (baking soda)

2,5 ml/½ tl zout

100 g/4 oz courgette (courgette), gehakt

100 g geplette ananas

50 g walnoten, gehakt

5 ml/1 tl vanille-essence (extract)

Klop de suiker en eieren tot bleek en goed gemengd. Klop de olie erdoor en daarna de droge ingrediënten. Meng de pompoenen, ananas, walnoten en vanille-essence. Schep in een ingevette en met bloem bestoven taartvorm van 20 cm/8 inch en bak in een voorverwarmde oven op 180°C/350°F/gasstand 4 gedurende 1 uur tot een in het midden gestoken satéprikker er schoon en schoon uitkomt. Laat 30 minuten afkoelen in de vorm voordat je hem op een rooster stort om af te koelen.

Pompoen en sinaasappelcake

Maakt een cake van 25 cm/10

225 g boter of margarine, verzacht

450 g/1 pond/2 kopjes zachte bruine suiker

4 lichtgeklopte eieren

275 g bloem (voor alle doeleinden)

15 ml/1 eetlepel bakpoeder

2,5 ml/½ tl zout

5 ml/1 theelepel gemalen kaneel

2,5 ml/½ theelepel gemalen nootmuskaat

Een snufje gemalen kruidnagel

Geraspte schil en sap van 1 sinaasappel

225 g/8 oz/2 kopjes courgette (courgette), gehakt

Klop de boter of margarine en de suiker tot een licht en luchtig geheel. Klop geleidelijk de eieren erdoor en voeg dan de bloem, het bakpoeder, het zout en de kruiden toe, afwisselend met de sinaasappelschil en het sap. We mengen ze met pompoenen. Schep in een ingevette en met bakpapier beklede bakvorm van 25 cm/10 en bak in een voorverwarmde oven op 180 °C/350 °F/gasstand 4 gedurende 1 uur tot ze goudbruin en veerkrachtig van kleur zijn. Als de bovenkant aan het einde van het bakken te bruin begint te worden, dek deze dan af met vetvrij (vetvrij) papier.

Pompoencake met kruiden

Maakt een cake van 25 cm/10

350 g / 12 oz / 3 kopjes bloem (voor alle doeleinden).

10 ml/2 tl bakpoeder

7,5 ml/1½ theelepel gemalen kaneel

5 ml/1 theelepel zuiveringszout (baking soda)

2,5 ml/½ tl zout

8 eiwitten

450 g suiker (zeer fijn).

100 g appelmoes (saus)

120 ml karnemelk

15 ml/1 lepel vanille-essence (extract)

5 ml/1 tl fijngeraspte sinaasappelschil

350 g/12 oz/3 kopjes courgette (courgette), gehakt

75 g walnoten, gehakt

Voor de bovenkant:

100 g/4 oz/½ kopje roomkaas

25 g/2 el boter of margarine, zacht

5 ml/1 tl fijngeraspte sinaasappelschil

10 ml/2 theelepels sinaasappelsap

350 g poedersuiker (banketbakkerssuiker), gezeefd

Meng de droge ingrediënten door elkaar. Klop de eiwitten tot zich zachte pieken vormen. Klop langzaam de suiker erdoor, daarna de appelmoes, karnemelk, vanille-essence en sinaasappelrasp. Roer het bloemmengsel erdoor, dan de pompoen en walnoten. Schep in een ingevette en met bloem bestoven taartvorm van 25 cm/10 (taart) en bak in een voorverwarmde oven op 150°C/300°F/gasstand 2 gedurende 1 uur tot een in het midden gestoken satéprikker er schoon uitkomt. Laat afkoelen in de pan.

Klop alle bovenstaande ingrediënten tot een gladde massa, voeg genoeg suiker toe om een smeerbare consistentie te krijgen. Verdeel over de afgekoelde cake.

Pompoen taart

Maakt een cake van 23 x 33 cm/9 x 13 cm

450 g suiker (zeer fijn).

4 losgeklopte eieren

375 ml olie

350 g / 12 oz / 3 kopjes bloem (voor alle doeleinden).

15 ml/1 eetlepel bakpoeder

10 ml/2 theelepels zuiveringszout (baking soda)

10 ml/2 theelepel gemalen kaneel

2,5 ml/½ theelepel gemalen gember

Een snufje zout

225 g in blokjes gesneden gekookte pompoen

100 g walnoten, gehakt

Klop de suiker en eieren samen tot ze goed gecombineerd zijn en klop dan de olie erdoor. Meng de resterende ingrediënten. Schep in een ingevette en met bloem bestoven vorm (bakplaat) van 23 x 33 cm/9 x 13 en bak in een voorverwarmde oven op 180°C/gasstand 4 gedurende 1 uur tot een spies in het midden is gerezen. schoon.

Pompoen Fruitcake

Maakt een taart van 20 cm/8 cm

100 g boter of margarine, verzacht

150 g zachte bruine suiker

2 lichtgeklopte eieren

225 g koude gekookte pompoen

30 ml/2 eetlepels golden syrup (lichte mais).

225 g/8 oz 1/1/3 kopje gemengd gedroogd fruit (fruitcake mix)

225 g zelfrijzend bakmeel

50 g zemelen

Klop de boter of margarine en de suiker tot een licht en luchtig geheel. Klop de eieren geleidelijk los en voeg dan de overige ingrediënten toe. Schep in een ingevette en met bakpapier beklede cakevorm van 20 cm/8 (taart) en bak in een voorverwarmde oven op 160°C/325°F/gasstand 3 gedurende 1¼ uur tot een in het midden gestoken satéprikker er schoon uitkomt.

Rol met pompoenkruiden

Maakt een rol van 30 cm/12 inch

75 g bloem (voor alle doeleinden).

5 ml/1 theelepel zuiveringszout (baking soda)

5 ml/1 el gemalen gember

2,5 ml/½ theelepel gemalen nootmuskaat

10 ml/2 theelepel gemalen kaneel

Een snufje zout

1 ei

225 g suiker (zeer fijn).

100 g gekookte pompoen, in blokjes

5 ml/1 theelepel citroensap

4 eiwitten

50 g walnoten, gehakt

50 g poedersuiker (banketbakkerssuiker), gezeefd

Voor de vulling:

175 g poedersuiker (banketbakkers), gezeefd

100 g/4 oz/½ kopje roomkaas

2,5 ml/½ tl vanille-essence (extract)

Meng de bloem, natriumbicarbonaat, kruiden en zout. Klop het ei tot het dik en bleek is en klop dan de suiker erdoor tot het bleek en romig is. Meng de pompoen en het citroensap. Giet in het bloemmengsel. Klop in een schone kom de eiwitten stijf. Giet in de cakemix en verdeel het in een ingevette en met papier beklede 30 x 12 cm/12 x 8 Swiss roll tin (jelly pan) en bestrooi met walnoten. Bak in een voorverwarmde oven op 190°C/375°F/gasstand 5 gedurende 10 minuten tot ze elkaar raken. Zeef de poedersuiker op een schone theedoek (vaatdoek) en keer de cake om op de theedoek. Verwijder het voeringpapier en rol de cake en handdoek uit en laat afkoelen.

Klop voor de vulling de suiker beetje bij beetje door de roomkaas en de vanille-essence tot een luchtig mengsel. Pak de cake uit en verdeel de vulling erover. Rol de cake nog een keer uit en laat afkoelen voordat je hem serveert, bestrooid met een beetje poedersuiker.

Rabarber en honing cake

Maakt twee cakes van 450 g/1 lb

250 g pure honing

100ml/4ml oz/½ kopje olie

1 ei

5 ml/1 theelepel zuiveringszout (baking soda)

60 ml/4 el water

350 g volkorenmeel (volkoren).

10 ml/2 eetlepels zout

350 g rabarber, fijngehakt

5 ml/1 tl vanille-essence (extract)

50 g gehakte gemengde noten (optioneel)

Voor de bovenkant:

75 g muscovadosuiker

5 ml/1 theelepel gemalen kaneel

15 g/½ oz/1 el boter of margarine, zacht

Meng de honing en olie door elkaar. Voeg het ei toe en klop goed. Voeg de natriumbicarbonaat toe aan het water en laat het oplossen. Meng de bloem en het zout door elkaar. Voeg afwisselend aan het honingmengsel toe met het natriumbicarbonaatmengsel. Meng de rabarber, vanille-essence en walnoten, indien gebruikt. Giet in twee ingevette blikken (trays) van 450 g/1 lb. Meng bovenstaande ingrediënten door elkaar en verdeel over het cakebeslag. Bak in een voorverwarmde oven op 180°C/350°F/gasstand 4 gedurende 1 uur tot het veerkrachtig aanvoelt.

Taart van zoete aardappel

Maakt een cake van 23 cm/9

300g/11oz/2¾ kopjes bloem (voor alle doeleinden)

15 ml/1 eetlepel bakpoeder

5 ml/1 theelepel gemalen kaneel

5 ml/1 lepel gemalen nootmuskaat

Een snufje zout

350 g suiker (zeer fijn).

375 ml olie

60 ml/4 eetlepels gekookt water

4 gedeelde eieren

225 g zoete aardappelen, geschild en grof gesneden

100 g gehakte gemengde noten

5 ml/1 tl vanille-essence (extract)

Voor de crème (brica):

225 g/8 oz/11/3 kopjes poedersuiker (banketbakkers), gezeefd

50 g boter of margarine, verzacht

250g/9oz/1 medium kuipje roomkaas

50 g gehakte gemengde noten

Een snufje gemalen kaneel om te bestrooien

Meng de bloem, bakpoeder, kaneel, nootmuskaat en zout. Klop de suiker en olie door elkaar, voeg dan het kokende water toe en klop tot alles goed gemengd is. Voeg de eierdooiers en het bloemmengsel toe en meng tot alles goed gecombineerd is. Meng de zoete aardappelen, walnoten en vanille-essence erdoor. Klop de eiwitten stijf en spatel ze dan door het mengsel. Giet in twee ingevette en met bloem bestoven cakevormen (pannen) van 23 cm/9 en bak in een voorverwarmde oven op 180°C/350°F/gasstand 4 gedurende 40 minuten tot ze veerkrachtig aanvoelen. Laat 5 minuten in de vorm afkoelen en stort dan op een rooster om af te koelen.

Meng de poedersuiker, boter of margarine en de helft van de roomkaas. Verdeel de helft van de resterende roomkaas over een cake en verdeel de room over de kaas. Sandwich taarten samen. Verdeel de resterende room erover en strooi de noten en kaneel erover voor het opdienen.

Italiaanse cake met amandelen

Maakt een taart van 20 cm/8 cm

1 ei

150 ml melk

2,5 ml/½ tl amandelessence (extract)

45 ml/3 el boter, gesmolten

350 g / 12 oz / 3 kopjes bloem (voor alle doeleinden).

100 g/4 oz/½ kopje suiker (zeer fijn).

10 ml/2 tl bakpoeder

2,5 ml/½ tl zout

1 eiwit

100 g amandelen, gehakt

Klop het ei los in een kom en voeg geleidelijk de melk, amandelessence en gesmolten boter toe terwijl u blijft kloppen. Voeg de bloem, suiker, bakpoeder en zout toe en blijf mixen tot een gladde massa. Schep in een ingevette en met bakpapier beklede pan van 20 cm. Klop de eiwitten schuimig, bestrijk de cake met een kwast en bestrooi met amandelen. Bak in een voorverwarmde oven op 220°C/425°F/gasstand 7 gedurende 25 minuten tot ze goudbruin en goudbruin aanvoelen.

Amandel- en koffiecake

Maakt een cake van 23 cm/9

8 gedeelde eieren

175 g suiker (zeer fijn).

60 ml/4 lepels sterke zwarte koffie

175 g gemalen amandelen

45 ml/3 eetlepels griesmeel (crème van tarwe)

100 g bloem (voor alle doeleinden).

Klop de eierdooiers en de suiker tot zeer dik en romig. Voeg de koffie, gemalen amandelen en havermout toe en klop goed. Vouw de bloem erdoor. Klop de eiwitten stijf en spatel ze dan door het mengsel. Schep in een ingevette vorm (bakplaat) van 23 cm/9 en bak in een voorverwarmde oven op 180°C/350°F/gasstand 4 gedurende 45 minuten tot het stevig aanvoelt.

Amandel- en honingcake

Maakt een taart van 20 cm/8 cm

225 g wortelen, versnipperd

75 g amandelen, gehakt

2 eieren, losgeklopt

100 ml pure honing

60 ml/4 el olie

150 ml melk

150 g volkorenmeel (volkoren)

10 ml/2 eetlepels zout

10 ml/2 theelepels zuiveringszout (baking soda)

15 ml/1 el gemalen kaneel

Meng de wortels en walnoten door elkaar. Klop de eieren los met de honing, olie en melk en meng dit door het wortelmengsel. Zeef de bloem, het zout, het zuiveringszout en de kaneel samen en roer dit door het wortelmengsel. Schep het mengsel in een ingevette en met bakpapier beklede bakvorm van 20 cm/8 vierkant en bak in een voorverwarmde oven op 150°C/300°F/gasstand 2 gedurende 1¾ uur tot een satéprikker er schoon uitkomt... Laat 10 minuten afkoelen in de vorm voordat je eruit gaat.

Amandel- en citroencake

Maakt een cake van 23 cm/9

25 g geschaafde (gehakte) amandelen.

100 g boter of margarine, verzacht

100g/4oz/½ kopje zachte bruine suiker

2 eieren, losgeklopt

100 g zelfrijzend bakmeel

Geraspte schil van 1 citroen

Voor de siroop:

75 g suiker (zeer fijn).

45–60 ml/3–4 el citroensap

Vet een cakevorm (vorm) van 23 cm/9 in en bekleed deze en strooi amandelen over de bodem. Klop de boter en bruine suiker romig. Klop de eieren een voor een erdoor en voeg dan de bloem en de citroenrasp toe. Lepel in de voorbereide pan en egaliseer het oppervlak. Bak in een voorverwarmde oven op 180 °C/350 °F/gasstand 4 gedurende 20-25 minuten tot ze goed bruin en veerkrachtig aanvoelen.

Verwarm ondertussen de kristalsuiker en het citroensap in een pan en roer af en toe tot de suiker is opgelost. Haal de cake uit de oven en laat 2 minuten afkoelen, plaats hem dan op een rooster met de bodem erop. Lepel de siroop erbij en laat volledig afkoelen.

Amandelcake met sinaasappel

Maakt een taart van 20 cm/8 cm

225 g boter of margarine, verzacht

225 g suiker (zeer fijn).

4 gedeelde eieren

225 g/8 oz/2 kopjes bloem (voor alle doeleinden).

10 ml/2 tl bakpoeder

50 g gemalen amandelen

5 ml/1 theelepel geraspte sinaasappelschil

Klop de boter of margarine en de suiker tot een licht en luchtig geheel. Klop de eierdooiers los en spatel dan de bloem, het bakpoeder, de gemalen amandelen en de sinaasappelschil erdoor. Klop de eiwitten stijf en spatel ze dan met een metalen lepel door het mengsel. Schep in een ingevette en met bakpapier beklede cakevorm van 20 cm/8 (cakevorm) en bak in een voorverwarmde oven op 180°C/350°F/gasstand 4 gedurende 1 uur tot een in het midden gestoken satéprikker er schoon uitkomt.

Rijke amandelcake

Maakt een cake van 18 cm/7

100 g boter of margarine, verzacht

150 g suiker (zeer fijn).

3 lichtgeklopte eieren

75 g gemalen amandelen

50g/2oz/½ kopje bloem (voor alle doeleinden).

Enkele druppels amandelessence (extract)

Klop de boter of margarine en de suiker tot een licht en luchtig geheel. Klop geleidelijk de eieren erdoor en voeg dan de amandelen, bloem en amandelessence toe aan de molen. Schep in een ingevette en met bakpapier beklede bakvorm van 18 cm/7 en bak in een voorverwarmde oven op 180°C/350°F/gasstand 4 gedurende 45 minuten tot het stevig aanvoelt.

Zweedse pastacake

Maakt een cake van 23 cm/9

100 g gemalen amandelen

75 g kristalsuiker

5 ml/1 theelepel bakpoeder

2 grote eiwitten, losgeklopt

Meng de amandelen, suiker en bakpoeder door elkaar. Mix de eiwitten tot het mengsel dik en glad is. Schep in een ingevette en met bakpapier beklede vorm van 23 cm/9 en bak in een voorverwarmde oven op 160°C/325°F/gasstand 3 gedurende 20-25 minuten tot ze goudbruin en goudbruin zijn. Haal het heel voorzichtig uit de vorm, want de cake is kwetsbaar.

Kokosbrood

Maakt een brood van 450 g/1 lb

100 g zelfrijzend bakmeel

225 g suiker (zeer fijn).

100 g gedroogde kokosnoot (versnipperd).

1 ei

120 ml melk

Een snufje zout

Meng alle ingrediënten goed en schep ze in een ingevette en met bakpapier beklede bakvorm van 450 g/1 lb. Bak in een voorverwarmde oven op 180°C/350°F/gasstand 4 gedurende ongeveer 1 uur tot ze goudbruin en bruin aanvoelen.

Kokos cake

Maakt een cake van 23 cm/9

75 g boter of margarine

150 ml melk

2 lichtgeklopte eieren

225 g suiker (zeer fijn).

150 g zelfrijzend bakmeel

Een snufje zout

Voor de bovenkant:

100 g boter of margarine

75 g gedroogde kokosnoot (versnipperd).

60 ml/4 lepels pure honing

45 ml/3 lepels melk

50 g zachte bruine suiker

Smelt de boter of margarine in de melk en laat iets afkoelen. Klop de eieren en suiker licht en luchtig en klop dan het boter-melkmengsel erdoor. Zeef de bloem en het zout erdoor om een vrij dun mengsel te maken. Schep in een ingevette en met bakpapier beklede vorm van 23 cm/9 en bak in een voorverwarmde oven op 180°C/350°F/gasstand 4 gedurende 40 minuten tot ze goudbruin en veerkrachtig zijn.

Ondertussen brengen we in een pan bovenstaande ingrediënten aan de kook. Giet over de warme cake en lepel de topping erover. Zet een paar minuten onder een hete grill (grill) tot de bovenkant net bruin begint te worden.

Gouden Kokoscake

Maakt een taart van 20 cm/8 cm

100 g boter of margarine, verzacht

200 g / 7 oz / weinig 1 kopje suiker (zeer fijn).

200 g bloem (voor alle doeleinden).

10 ml/2 tl bakpoeder

Een snufje zout

175 ml melk

3 eiwitten

                Voor de vulling en vulling:

150 g/5 oz/1¼ kopjes gedroogde kokosnoot (versnipperd)

200 g / 7 oz / weinig 1 kopje suiker (zeer fijn).

120 ml melk

120 ml water

3 eierdooiers

Klop de boter of margarine en de suiker tot een licht en luchtig geheel. Meng de bloem, het bakpoeder en het zout afwisselend met de melk en het water door het mengsel tot je een zacht deeg hebt. Klop de eiwitten stijf en spatel ze dan door het beslag. Schep het mengsel in twee ingevette bakvormen van 20 cm/8 en bak in een voorverwarmde oven op 180°C/350°F/gasstand 4 gedurende 25 minuten tot het licht gekruid is. Laat het afkoelen.

Meng de kokosnoot, suiker, melk en eidooiers in een kleine steelpan. Verwarm een paar minuten op laag vuur tot de eieren gaar zijn, onder voortdurend roeren. Laat het afkoelen. Sandwich de cakes samen met de helft van het kokosmengsel en schep de rest erop.

Kokos laag cake

Maakt een taart van 9 x 18 cm/3½ x 7 cm

100 g boter of margarine, verzacht

175 g suiker (zeer fijn).

3 eieren

175 g/6 oz/1½ kopjes bloem (voor alle doeleinden).

5 ml/1 theelepel bakpoeder

175 g sultana's (rozijnen)

120 ml melk

6 gewone koekjes (koekjes), geplet

100g/4oz/½ kopje zachte bruine suiker

100 g gedroogde kokosnoot (versnipperd).

Klop de boter of margarine en de suiker tot een licht en luchtig geheel. Klop er geleidelijk twee van de eieren door en voeg dan afwisselend de bloem, het bakpoeder en de rozijnen toe met de melk. Schep de helft van het mengsel in een ingevette en met bakpapier beklede bakvorm van 450 g/1 lb. Meng het overgebleven ei met de koekkruimels, bruine suiker en kokos en strooi over de pan. Lepel de rest van het mengsel erover en bak in een voorverwarmde oven op 180°C/350°F/gasstand 4 gedurende 1 uur. Laat 30 minuten in de vorm afkoelen en stort dan op een rooster om af te koelen.

Kokos-citroencake

Maakt een taart van 20 cm/8 cm

100 g boter of margarine, verzacht

75 g zachte bruine suiker

Geraspte schil van 1 citroen

1 losgeklopt ei

Enkele druppels amandelessence (extract)

350 g zelfrijzend bakmeel

60 ml/4 el frambozenjam (geconserveerd)

Voor de bovenkant:

1 losgeklopt ei

75 g zachte bruine suiker

225 g/8 oz/2 kopjes gedroogde kokosnoot (versnipperd).

Roer de boter of margarine, suiker en citroenschil tot een licht en luchtig mengsel. Klop geleidelijk het ei en de amandelessence erdoor en spatel dan de bloem erdoor. Schep het mengsel in een ingevette en met bakpapier beklede bakvorm van 20 cm. Lepel de jam over het mengsel. Roer bovenstaande ingrediënten door elkaar en verdeel over het mengsel. Bak in een voorverwarmde oven op 180°C/350°F/gasstand 4 gedurende 30 minuten tot het stevig is. Laat afkoelen in de pan.

Taart voor het nieuwe jaar met kokos

Maakt een cake van 18 cm/7

100 g boter of margarine, verzacht

100 g/4 oz/½ kopje suiker (zeer fijn).

2 lichtgeklopte eieren

75 g bloem (voor alle doeleinden).

45 ml/3 el gedroogde (geraspte) kokosnoot.

30 ml/2 eetlepels rum

Enkele druppels amandelessence (extract)

Een paar druppels citroenessence (extract)

Roer de boter en suiker tot een licht en luchtig geheel. Klop geleidelijk de eieren erdoor en spatel dan de bloem en kokos erdoor. Meng rum en essences. Schep in een ingevette en met bakpapier beklede bakvorm van 18 cm/7 en strijk het oppervlak glad. Bak in een voorverwarmde oven op 190°C/375°F/gasstand 5 gedurende 45 minuten tot een in het midden gestoken satéprikker er schoon uitkomt. Laat afkoelen in de pan.

Kokos en sultanarozijn cake

Maakt een cake van 23 cm/9

100 g boter of margarine, verzacht

175 g suiker (zeer fijn).

2 lichtgeklopte eieren

175 g/6 oz/1½ kopjes bloem (voor alle doeleinden).

5 ml/1 theelepel bakpoeder

Een snufje zout

175 g sultana's (rozijnen)

120 ml melk

Voor de vulling:

1 lichtgeklopt ei

50 g gewone koekjeskruimels

100g/4oz/½ kopje zachte bruine suiker

100 g gedroogde kokosnoot (versnipperd).

Klop de boter of margarine en de suiker tot een licht en luchtig geheel. Meng geleidelijk de eieren erdoor. Klop de bloem, bakpoeder, zout en rozijnen erdoor met voldoende melk om een gladde, kruimelige consistentie te krijgen. Schep de helft van het mengsel in een ingevette 23 cm/9 pan. Meng de ingrediënten voor de vulling door elkaar en schep het mengsel erover, en dan de resterende cakemix. Bak in een voorverwarmde oven op 180°C/350°F/gasstand 4 gedurende 1 uur tot het veerkrachtig aanvoelt en begint te krimpen van de zijkanten van de pan. Laat afkoelen in de pan alvorens te gooien.

Notencake Met Knapperige Topping

Maakt een cake van 23 cm/9

225 g boter of margarine, verzacht

225 g suiker (zeer fijn).

2 lichtgeklopte eieren

225 g/8 oz/2 kopjes bloem (voor alle doeleinden).

2,5 ml/½ theelepel zuiveringszout (baking soda)

2,5 ml/½ tl wijnsteen

200 ml magere melk

Voor de bovenkant:

100 g gehakte gemengde noten

100g/4oz/½ kopje zachte bruine suiker

5 ml/1 theelepel gemalen kaneel

Klop de boter of margarine en de suiker tot een licht en luchtig geheel. Klop de eieren beetje bij beetje los en voeg dan afwisselend de bloem, de baksoda en de room van wijnsteen toe met de melk. Schep in een ingevette en met bakpapier beklede vorm van 23 cm/9 (bakplaat). Meng de walnoten, bruine suiker en kaneel door elkaar en strooi over de cake. Bak in een voorverwarmde oven op 180°C/350°F/gasstand 4 gedurende 40 minuten tot ze goudbruin zijn en uit de zijkanten van de pan slinken. Laat 10 minuten in de vorm afkoelen en stort dan op een rooster om af te koelen.

Cake met gemengde noten

Maakt een cake van 23 cm/9

100 g boter of margarine, verzacht

225 g suiker (zeer fijn).

1 losgeklopt ei

225 g zelfrijzend bakmeel

10 ml/2 tl bakpoeder

Een snufje zout

250 ml melk

5 ml/1 tl vanille-essence (extract)

2,5 ml/½ tl citroenessence (extract)

100 g gehakte gemengde noten

Klop de boter of margarine en de suiker tot een licht en luchtig geheel. Klop geleidelijk het ei erdoor. Meng de bloem, het bakpoeder en het zout en voeg dit afwisselend met de melk en de essences aan het mengsel toe. Vouw de noten erdoor. Giet in twee ingevette en beklede taartvormen (pannen) van 23 cm/9 en bak in een voorverwarmde oven op 180°F/350°F/gasstand 4 gedurende 40 minuten tot een in het midden gestoken satéprikker er schoon uitkomt.

Cake met Griekse walnoten

Maakt een cake van 25 cm/10

100 g boter of margarine, verzacht

225 g suiker (zeer fijn).

3 lichtgeklopte eieren

250 g/9 oz/2¼ kopjes bloem (voor alle doeleinden).

225 g walnoten, gemalen

10 ml/2 tl bakpoeder

5 ml/1 theelepel gemalen kaneel

1,5 ml/¼ theelepel gemalen kruidnagel

Een snufje zout

75 ml/5 lepels melk

Voor de honingsiroop:

175 g suiker (zeer fijn).

75 g pure honing

15 ml/1 eetlepel citroensap

250 ml kokend water

Klop de boter of margarine en de suiker tot een licht en luchtig geheel. Klop geleidelijk de eieren erdoor en voeg dan de bloem, noten, bakpoeder, kruiden en zout toe. Voeg de melk toe en mix tot een gladde massa. Schep in een ingevette en met bloem bestoven vorm van 25 cm/10 en bak in een voorverwarmde oven op 180°C/350°F/gasstand 4 gedurende 40 minuten tot het veerkrachtig aanvoelt. Laat 10 minuten in de vorm afkoelen en stort dan op een rooster.

Om de siroop te maken, meng je de suiker, honing, citroensap en water en verwarm je tot ze opgelost zijn. Prik met een vork gaatjes in de warme cake en lepel de honingsiroop erover.

Notencake met walnoten

Maakt een cake van 18 cm/7

100 g boter of margarine, verzacht

100 g/4 oz/½ kopje suiker (zeer fijn).

2 lichtgeklopte eieren

100 g zelfrijzend bakmeel

100 g walnoten, gehakt

Een snufje zout

Voor de crème (brica):

450 g kristalsuiker

150 ml water

2 eiwitten

Een paar walnoothelften om te versieren

Klop de boter of margarine en de suiker tot een licht en luchtig geheel. Klop geleidelijk de eieren erdoor en voeg dan de bloem, noten en zout toe. Schep het mengsel in twee ingevette en met bakpapier beklede taartvormen (pannen) van 18 cm/7 en bak ze in een voorverwarmde oven op 180 °C/350 °F/gasstand 4 gedurende 25 minuten tot ze goed goudbruin zijn en elastisch aanvoelen. Laat het afkoelen.

Los de kristalsuiker op in het water op laag vuur, onder voortdurend roeren, breng dan aan de kook en blijf koken, zonder te roeren, totdat een druppel van het mengsel een zachte bal vormt wanneer deze in koud water valt. Klop ondertussen de eiwitten in een schone kom stijf. Giet de siroop over de eiwitten en klop tot het mengsel dik genoeg is om de achterkant van een lepel te bedekken. Sandwichcakes samen met een laag room, verdeel de rest over de bovenkant en zijkanten van de cake en decoreer met walnoothelften.

Walnotencake met chocoladecrème

Maakt een cake van 18 cm/7

3 eieren

75 g zachte bruine suiker

50 g/2 oz/½ kopje volkoren (volkoren) meel.

25 g cacaopoeder (ongezoete chocolade).

Voor de crème (brica):

150 g pure (halfzoete) chocolade

225 g magere roomkaas

45 ml/3 eetlepels (banketbakkers)poedersuiker, gezeefd

75 g walnoten, gehakt

15 ml/1 eetlepel cognac (optioneel)

Geraspte chocolade voor decoratie

Klop de eieren en bruine suiker tot bleek en dik. Giet de bloem en cacao erbij. Verdeel het mengsel over twee ingevette en met bakpapier beklede bakvormen van 18 cm/7 en bak ze in een voorverwarmde oven op 190°C/375°F/gasstand 5 gedurende 15-20 minuten tot ze goed bruin en veerkrachtig aanvoelen. Haal uit de vormen en laat afkoelen.

Smelt de chocolade in een hittebestendige kom boven een pan met zacht kokend water. Haal van het vuur en roer de roomkaas en poedersuiker erdoor, roer dan de walnoten en cognac erdoor, indien gebruikt. Sandwich de cakes samen met het grootste deel van de vulling en verdeel de rest erover. We versieren het met geraspte chocolade.

Walnotencake met honing en kaneel

Maakt een cake van 23 cm/9

225 g/8 oz/2 kopjes bloem (voor alle doeleinden).

10 ml/2 tl bakpoeder

5 ml/1 theelepel zuiveringszout (baking soda)

5 ml/1 theelepel gemalen kaneel

Een snufje zout

100 g pure yoghurt

75 ml/5 el olie

100 g pure honing

1 lichtgeklopt ei

5 ml/1 tl vanille-essence (extract)

Voor de vulling:

50 g gehakte walnoten

225 g/8 oz/1 kopje zachte bruine suiker

10 ml/2 theelepel gemalen kaneel

30 ml/2 eetlepels olie

Meng de droge cake-ingrediënten en maak een kuiltje in het midden. Meng de resterende cake-ingrediënten en roer door de droge ingrediënten. Meng de ingrediënten voor de vulling door elkaar. Schep de helft van het cakebeslag in een ingevette en met bloem bestoven bakvorm van 23 cm/9 en bestrooi met de helft van de vulling. Voeg de resterende cakemix toe en vervolgens de resterende vulling. Bak in een voorverwarmde oven op 180°C/350°F/gasstand 4 gedurende 30 minuten tot ze goed bruin en goudbruin zijn en beginnen te krimpen van de zijkanten van de pan.

Repen met amandelen en honing

Het maakt 10

15 g/½ oz verse gist of 20 ml/4 eetlepels droge gist

45 ml/3 el suiker (superfijn).

120 ml warme melk

300g/11oz/2¾ kopjes bloem (voor alle doeleinden)

Een snufje zout

1 lichtgeklopt ei

50 g boter of margarine, verzacht

300 ml slagroom (zwaar).

30 ml/2 eetlepels poedersuiker (banketbakkers), gezeefd

45 ml/3 lepels pure honing

300 g geschaafde amandelen (fijngehakt)

Meng de gist, 5 ml/1 el basterdsuiker en een beetje melk en laat 20 minuten op een warme plaats schuimen. Meng de resterende suiker met de bloem en het zout en maak een kuiltje in het midden. Voeg geleidelijk het ei, de boter of margarine, het gistmengsel en de resterende warme melk toe en meng tot een zacht deeg. Kneed op een licht met bloem bestoven oppervlak tot een gladde en elastische massa. Doe ze in een met olie ingevette kom, dek af met met olie ingevette huishoudfolie (plasticfolie) en laat 45 minuten op een warme plaats staan tot ze verdubbeld zijn in omvang.

Kneed het deeg opnieuw, keer het dan uit en plaats het in een ingevette bakvorm van 30 x 20 cm/12 x 8, prik er gaatjes in met een vork, dek af en laat het 10 minuten op een warme plaats staan.

Doe 120 ml slagroom, poedersuiker en honing in een kleine steelpan en breng aan de kook. Haal van het vuur en roer de amandelen erdoor. Spreid het beslag uit, bak in een voorverwarmde oven op 200°C/400°F/gasstand 6 gedurende 20 minuten tot ze goudbruin en veerkrachtig aanvoelen, dek af met (was) bakpapier als de bovenkant veel eerder bruin begint te worden . einde van het koken. Giet af en laat afkoelen.

Snijd de cake horizontaal doormidden. Klop de resterende slagroom stijf en verdeel over de onderste helft van de cake. Leg de helft van de cake bedekt met amandelen erop en snijd deze in repen.

Appel- en zwarte bessenrepen

Maakt 12

175 g/6 oz/1½ kopjes bloem (voor alle doeleinden).

5 ml/1 theelepel bakpoeder

Een snufje zout

175 g boter of margarine

225 g/8 oz/1 kopje zachte bruine suiker

100 g gerolde haver

450 g (cake) appels, geschild, klokhuis verwijderd en in plakjes gesneden

30 ml/2 el maizena (maizena)

10 ml/2 theelepel gemalen kaneel

2,5 ml/½ theelepel gemalen nootmuskaat

2,5 ml/½ el gemalen kruiden

225 g zwarte bessen

Meng de bloem, het bakpoeder en het zout en bestrijk met boter of margarine. Meng de suiker en haver. Schep de helft in de bodem van een ingevette en met bakpapier beklede bakvorm van 25 cm. Meng de appels, maïsmeel en kruiden en verdeel over de bovenkant. Werk af met zwarte bessen. Lepel de rest van het mengsel erover en strijk de bovenkant glad. Bak in een voorverwarmde oven op 180°C/350°F/gasstand 4 gedurende 30 minuten tot ze veerkrachtig zijn. Laat afkoelen en snij dan in repen.

Abrikozen- en havermoutrepen

Maakt 24

75 g gedroogde abrikozen

25 g/3 el sultana's (rozijnen)

250 ml/8 ml oz/1 kopje water

5 ml/1 theelepel citroensap

150 g zachte bruine suiker

50 g gedroogde kokosnoot (geraspt).

50g/2oz/½ kopje bloem (voor alle doeleinden).

2,5 ml/½ theelepel zuiveringszout (baking soda)

100 g gerolde haver

50 g boter, gesmolten

Doe de abrikozen, rozijnen, water, citroensap en 30 ml/2 eetlepels bruine suiker in een kleine pan en roer op laag vuur tot het dik wordt. Roer de kokos erdoor en laat afkoelen. Zeef de bloem, bakpoeder, haver en resterende suiker samen en roer de gesmolten boter erdoor. Druk de helft van het havermengsel in de bodem van een ingevette bakvorm van 20 cm/8 en verdeel het abrikozenmengsel erover. Bedek met het resterende havermengsel en druk licht aan. Bak in een voorverwarmde oven op 180°C/350°F/gasstand 4 in 30 minuten goudbruin. Laat afkoelen en snij dan in repen.

Abrikozen Crunchies

Maakt 16

100g/4oz/2/3 kop kant-en-klare gedroogde abrikozen

120 ml sinaasappelsap

100 g boter of margarine

75 g volkorenmeel (volkoren).

75 g gerolde haver

75 g/3 oz/1/3 kop demerara suiker

Week de abrikozen minimaal 30 minuten in het sinaasappelsap tot ze zacht zijn, giet ze af en hak ze fijn. Wrijf de boter of margarine door de bloem tot het mengsel op broodkruimels lijkt. Meng de havermout en suiker. Druk de helft van het mengsel in een ingevette 30 x 20 cm/12 x 8 Swiss roll-vorm en bestrooi met abrikozen. Verdeel het resterende mengsel erover en druk zachtjes aan. Bak in een voorverwarmde oven op 180°C/350°F/gasstand 4 gedurende 25 minuten tot ze goudbruin zijn. Laat afkoelen op de pan voordat je hem eruit draait en in repen snijdt.

Bananenrepen met noten

Maakt ongeveer 14

50 g boter of margarine, verzacht

75 g poedersuiker (zeer fijn) of zachte bruine suiker

2 grote bananen, in plakjes

175 g/6 oz/1½ kopjes bloem (voor alle doeleinden).

7,5 ml/1½ tl bakpoeder

2 eieren, losgeklopt

50 g walnoten, grof gehakt

Klop de boter of margarine en de suiker romig. Rasp de bananen en meng goed. Meng de bloem en het bakpoeder. Voeg de bloem, eieren en noten toe aan het bananenmengsel en klop goed. Schep in een ingevette en met bakpapier beklede bakvorm van 18 x 28 cm/7 x 11, strijk het oppervlak glad en bak in een voorverwarmde oven op 160 °C/325 °F/gasstand 3 gedurende 30-35 minuten tot het gestold en elastisch aanvoelt. Laat een paar minuten in de vorm afkoelen en leg ze dan op een rooster om af te koelen. Snijd in ongeveer 14 repen.

Amerikaanse brownies

Maakt ongeveer 15

2 grote eieren

225 g suiker (zeer fijn).

50 g boter of margarine, gesmolten

2,5 ml/½ tl vanille-essence (extract)

75 g bloem (voor alle doeleinden).

45 ml/3 lepels cacao (suikervrije chocolade).

2,5 ml/½ theelepel bakpoeder

Een snufje zout

50 g walnoten, grof gehakt

Klop de eieren en suiker dik en romig. Klop de boter en vanille-essence. Zeef de bloem, cacao, bakpoeder en zout en voeg ze toe aan het mengsel met de noten. We maken er een ingevette 20 cm/8 vierkante vorm (pan) van. Bak in een voorverwarmde oven op 180°C/350°F/gasstand 4 gedurende 40-45 minuten tot het veerkrachtig aanvoelt. Laat 10 minuten in de pan staan, snijd ze in vierkanten en leg ze op een rooster terwijl ze nog warm zijn.

Chocolade Fudge Brownies

Maakt ongeveer 16

225 g boter of margarine

175 g kristalsuiker

350 g zelfrijzend bakmeel

30 ml/2 lepels cacao (suikervrije chocolade).

                        Voor de crème (brica):
175 g poedersuiker (banketbakkers), gezeefd

30 ml/2 lepels cacao (suikervrije chocolade).

Kokend water

Smelt de boter of margarine en roer de kristalsuiker erdoor. Giet de bloem en cacao erbij. Druk in een met bakpapier bekleed bakblik van 18 x 28 cm/7 x 11. Bak in een voorverwarmde oven op 180°C/gasstand 4 gedurende ongeveer 20 minuten tot het stevig aanvoelt.

Om de room te maken, zeef je de poedersuiker en cacao in een kom en voeg je een druppel kokend water toe. Meng tot goed gecombineerd, voeg indien nodig een druppel of meer water toe. Koel de brownies terwijl ze nog warm zijn (maar niet heet) en laat ze afkoelen voordat je ze in vierkanten snijdt.

Brownies met noten en chocolade

Maakt 12

50 g pure (halfzoete) chocolade.

75 g boter of margarine

225 g suiker (zeer fijn).

75 g bloem (voor alle doeleinden).

75 g walnoten, gehakt

50 g/2 oz/½ kopje chocoladeschilfers

2 eieren, losgeklopt

2,5 ml/½ tl vanille-essence (extract)

Smelt de chocolade en boter of margarine in een hittebestendige kom boven een pan met zacht kokend water. Haal van het vuur en meng de overige ingrediënten. Schep in een ingevette en met bakpapier beklede bakvorm van 20 cm/8 en bak in een voorverwarmde oven op 180°C/350°F/gasstand 4 gedurende 30 minuten tot een in het midden gestoken satéprikker er schoon uitkomt. Laat afkoelen in de pan en snijd in vierkanten.

Boter repen

Maakt 16

100 g boter of margarine, verzacht

100 g/4 oz/½ kopje suiker (zeer fijn).

1 gedeeld ei

100 g bloem (voor alle doeleinden).

25 g gehakte gemengde noten

Klop de boter of margarine en de suiker tot een licht en luchtig geheel. Meng de eidooier erdoor en meng dan de bloem en noten erdoor tot een vrij stevig mengsel. Als het te sterk is, voeg dan een beetje melk toe; als het vloeibaar is, roer dan wat meer bloem erdoor. Schep het beslag in een ingevette 30 x 20 cm/12 x 8 Swiss roll pan (jelly pan). Klop het eiwit schuimig en verdeel over het mengsel. Bak in een voorverwarmde oven op 180°C/350°F/gasstand 4 in 30 minuten goudbruin. Laat afkoelen en snij dan in repen.

Kersensnoep Traybake

Maakt 12

100 g amandelen

225 g geglaceerde kersen (gezoet), gehalveerd

225 g boter of margarine, verzacht

225 g suiker (zeer fijn).

3 eieren, losgeklopt

100 g zelfrijzend bakmeel

50 g gemalen amandelen

5 ml/1 theelepel bakpoeder

5 ml/1 lepel amandelessence (extract)

Verdeel de amandelen en kersen over de bodem van een ingevette en met bakpapier beklede cakevorm van 20 cm/8 inch Smelt 50 g/2 oz/¼ kop boter of margarine met 50 g/2 oz/¼ kop suiker en giet over de kersen en walnoten. Klop de resterende boter of margarine en suiker licht en luchtig, klop dan de eieren en meng de bloem, gemalen amandelen, bakpoeder en amandelessence erdoor. Schep het mengsel in de pan en strijk de bovenkant glad. Bak in een voorverwarmde oven op 160°C/325°F/gasstand 3 gedurende 1 uur. Laat een paar minuten afkoelen in de vorm, keer dan voorzichtig om op een rooster en schraap eventueel het papier van de voering eraf. Laat volledig afkoelen alvorens te snijden.

Chocolade Traybake

Maakt 24

100 g boter of margarine, verzacht

100g/4oz/½ kopje zachte bruine suiker

50 g/2 oz/¼ kopje suiker (zeer fijn).

1 ei

5 ml/1 tl vanille-essence (extract)

100 g bloem (voor alle doeleinden).

2,5 ml/½ theelepel zuiveringszout (baking soda)

Een snufje zout

100 g chocoladeschilfers

Klop de boter of margarine en de suikers tot ze zacht en luchtig zijn en voeg dan geleidelijk het ei en de vanille-essence toe. Zeef de bloem, baksoda en zout erdoor. Meng de chocoladestukjes. Schep in een ingevette en met bloem bestoven vierkante bakvorm van 25 cm/12 in (bakplaat) en bak in een voorverwarmde oven op 190°C/375°F/gasstand 2 gedurende 15 minuten tot ze goudbruin zijn. Laat afkoelen en snij dan in vierkanten.

Kaneel Crumble Laag

Maakt 12

Voor de basis:

100 g boter of margarine, verzacht

30 ml/2 lepels pure honing

2 lichtgeklopte eieren

100 g bloem (voor alle doeleinden).

Voor de crumble:

75 g boter of margarine

75 g bloem (voor alle doeleinden).

75 g gerolde haver

5 ml/1 theelepel gemalen kaneel

50g/2oz/¼ kopje demerara suiker

Roer de boter of margarine en honing samen tot een licht en luchtig mengsel. Klop geleidelijk de eieren erdoor en giet dan de bloem erbij. Schep de helft van het mengsel in een ingevette 20 cm/8 vierkante pan (pan) en egaliseer het oppervlak.

Om de crumble te maken, wrijf je de boter of margarine door de bloem tot het mengsel op broodkruimels lijkt. Meng de havermout, kaneel en suiker. Schep de helft van de crumble in de vorm, bedek met de resterende cakemix en de rest van de crumble. Bak in een voorverwarmde oven op 190°C/375°F/gasstand 5 gedurende ongeveer 35 minuten tot een in het midden gestoken satéprikker er schoon uitkomt. Laat afkoelen en snij dan in repen.

Zoete kaneelrepen

Maakt 16

225 g/8 oz/2 kopjes bloem (voor alle doeleinden).

10 ml/2 tl bakpoeder

225 g/8 oz/1 kopje zachte bruine suiker

15 ml/1 el gesmolten boter

250 ml melk

30 ml/2 el demerara suiker

10 ml/2 theelepel gemalen kaneel

25 g boter, gekoeld en in blokjes

Meng de bloem, bakpoeder en suiker door elkaar. Giet de gesmolten boter en melk erbij en meng goed. Druk het mengsel in twee vierkante (pannen) van 23 cm/9. Bestrooi de bovenkant met demerarasuiker en kaneel en druk de stukjes boter over het oppervlak. Bak in een voorverwarmde oven op 180°C/350°F/gasstand 4 gedurende 30 minuten. De boter maakt gaatjes in het mengsel en wordt tijdens het koken glanzend.

Kokosnoot repen

Maakt 16

75 g boter of margarine

100 g bloem (voor alle doeleinden).

30 ml/2 el suiker (superfijn).

2 eieren

100g/4oz/½ kopje zachte bruine suiker

Een snufje zout

175 g/6 oz/1½ kopjes gedroogde kokosnoot (versnipperd)

50 g gehakte gemengde noten

Oranje crème

Wrijf de boter of margarine door de bloem tot het mengsel op broodkruimels lijkt. Giet de suiker en pers in een niet-ingevette bakvorm van 23 cm/9 vierkant. Bak in een voorverwarmde oven op 190°C/350°F/gasstand 4 gedurende 15 minuten tot ze gaar zijn.

Meng de eieren, bruine suiker en zout, meng de kokosnoot en walnoten erdoor en verdeel over de bodem. Bak gedurende 20 minuten tot ze stevig en goudbruin zijn. IJs met sinaasappelroom als het koud is. Snijd ze in repen.

Broodjes met kokos en jam

Maakt 16

25 g boter of margarine

175 g zelfrijzend bakmeel

225 g suiker (zeer fijn).

2 eidooiers

75 ml/5 el water

175 g/6 oz/1½ kopjes gedroogde kokosnoot (versnipperd)

4 eiwitten

50g/2oz/½ kopje bloem (voor alle doeleinden).

100 g aardbeienjam (reserve)

Wrijf de boter of margarine door het zelfrijzend bakmeel en roer dan 50 g suiker erdoor. Klop de eierdooiers en 45 ml/3 el water bij elkaar en meng goed. Druk in de bodem van een ingevette 30 x 20 cm/12 x 8 Swiss roll pan (jelly pan) en prik met een vork. Bak in een voorverwarmde oven op 180°C/350°F/gasstand 4 gedurende 12 minuten. Laat het afkoelen.

Doe de kokosnoot, de rest van de suiker en het water en een eiwit in een pan en mix op laag vuur tot het mengsel klonterig wordt zonder bruin te worden. Laat het afkoelen. Meng gewone bloem erdoor. Klop de overige eiwitten stijf en spatel ze dan door het mengsel. Verdeel de jam over de bodem en garneer met de kokosnoot. Bak in de oven in 30 minuten goudbruin. Laat afkoelen op de pan alvorens in repen te snijden.

Dadel en Apple Traybake

Maakt 12

1 kook (zure) appel, geschild, klokhuis verwijderd en in blokjes gesneden

225 g/8 oz/11/3 kopjes ontpitte (ontpitte) dadels, gehakt

150 ml water

350 g gerolde haver

175 g boter of margarine, gesmolten

45 ml/3 el demerara suiker

5 ml/1 theelepel gemalen kaneel

Doe de appels, dadels en het water in een pan en laat ongeveer 5 minuten zachtjes koken tot de appels zacht zijn. Laat het afkoelen. Meng de havermout, boter of margarine, suiker en kaneel. Doe een halve lepel in een ingevette vierkante bakvorm van 20 cm/8 en strijk het oppervlak glad. Giet het appel-dadelmengsel erover, dek af met het resterende havermengsel en strijk het oppervlak plat. Druk zachtjes naar beneden. Bak in een voorverwarmde oven op 190°C/375°F/gasstand 5 in ongeveer 30 minuten goudbruin. Laat afkoelen en snij dan in repen.

Datum plakjes

Maakt 12

225 g/8 oz/11/3 kopjes ontpitte (ontpitte) dadels, gehakt

30 ml/2 lepels pure honing

30 ml/2 el citroensap

225 g boter of margarine

225 g/8 oz/2 kopjes volkoren (volkoren) meel.

225 g gerolde haver

75 g zachte bruine suiker

Laat de dadels, honing en citroensap een paar minuten sudderen tot de dadels zacht worden. Wrijf de boter of margarine door de bloem en haver tot het mengsel op broodkruimels lijkt en roer dan de suiker erdoor. Schep de helft van het mengsel in een ingevette en beklede 20 cm/8 vierkante pan (pan). Giet het dadelmengsel erover en eindig met het resterende cakemengsel. Druk stevig aan. Bak in een voorverwarmde oven op 190°C/375°F/gasstand 5 gedurende 35 minuten tot ze licht gekruid zijn. Laat afkoelen op de pan, snij terwijl het nog warm is.

Oma's dating bars

Maakt 16

100 g boter of margarine, verzacht

225 g/8 oz/1 kopje zachte bruine suiker

2 lichtgeklopte eieren

175 g/6 oz/1½ kopjes bloem (voor alle doeleinden).

2,5 ml/½ theelepel zuiveringszout (baking soda)

5 ml/1 theelepel gemalen kaneel

Een snufje gemalen kruidnagel

Een snufje geraspte nootmuskaat

175 g ontpitte dadels, gehakt

Klop de boter of margarine en de suiker tot een licht en luchtig geheel. Voeg geleidelijk de eieren toe en klop goed na elke toevoeging. Roer de resterende ingrediënten erdoor tot ze goed gecombineerd zijn. Schep in een ingevette en met bloem bestoven vierkante vorm van 23 cm/9 inch en bak in een voorverwarmde oven op 180°C/350°F/gasstand 4 gedurende 25 minuten tot een in het midden gestoken satéprikker er schoon uitkomt. Laat afkoelen en snij dan in repen.

Repen met dadels en havermout

Maakt 16

175 g ontpitte dadels, gehakt

15 ml/1 lepel pure honing

30 ml/2 eetlepels water

225 g/8 oz/2 kopjes volkoren (volkoren) meel.

100 g gerolde haver

100g/4oz/½ kopje zachte bruine suiker

150 g boter of margarine, gesmolten

Kook de dadels, honing en water in een kleine steelpan tot de dadels zacht zijn. Meng de bloem, haver en suiker door elkaar en meng dan de gesmolten boter of margarine erdoor. Druk de helft van het mengsel in een ingevette bakvorm van 18 cm/7 vierkant, besprenkel met het dadelmengsel, bedek met het resterende havermengsel en druk voorzichtig aan. Bak in een voorverwarmde oven op 180°C/350°F/gasstand 4 gedurende 1 uur tot ze stevig en goudbruin zijn. Laat afkoelen op de pan, snij in partjes terwijl het nog warm is.

Repen met dadels en noten

Maakt 12

100 g boter of margarine, verzacht

150 g suiker (zeer fijn).

1 lichtgeklopt ei

100 g zelfrijzend bakmeel

225 g/8 oz/11/3 kopjes ontpitte (ontpitte) dadels, gehakt

100 g walnoten, gehakt

15 ml/1 eetlepel melk (optioneel)

100 g pure (halfzoete) chocolade.

Klop de boter of margarine en de suiker tot een licht en luchtig geheel. Meng het ei erdoor, dan de bloem, dadels en noten, voeg een beetje melk toe als het mengsel te stijf is. Schep in een ingevette 30 x 20 cm/12 x 8 Swiss tin (jelly tin) en bak in een voorverwarmde oven op 180°C/350°F/gasstand 4 gedurende 30 minuten tot het elastisch is. Laat het afkoelen.

Smelt de chocolade in een hittebestendige kom boven een pan met zacht kokend water. Verdeel over het mengsel en laat afkoelen en bakken. Snijd met een scherp mes in repen.

Vijgen staven

Maakt 16

225 g verse vijgen, gehakt

30 ml/2 lepels pure honing

15 ml/1 eetlepel citroensap

225 g/8 oz/2 kopjes volkoren (volkoren) meel.

225 g gerolde haver

225 g boter of margarine

75 g zachte bruine suiker

Laat de vijgen, honing en citroensap op laag vuur 5 minuten sudderen. Laat iets afkoelen. Meng de bloem en havermout, bestrijk met boter of margarine en meng met de suiker. Druk de helft van het mengsel in een ingevette bakvorm van 20 cm/8 vierkant en lepel het vijgenmengsel erover. Bedek met het resterende cakebeslag en druk stevig aan. Bak in een voorverwarmde oven op 180°C/350°F/gasstand 4 gedurende 30 minuten tot ze goudbruin zijn. Laat afkoelen in de pan en snijd ze terwijl ze nog warm zijn.

Flapjacks

Maakt 16

75 g boter of margarine

50 g gouden siroop (lichte mais).

100g/4oz/½ kopje zachte bruine suiker

175 g gerolde haver

Smelt de boter of margarine met de siroop en suiker en roer de havermout erdoor. Druk in een ingevette vierkante vorm van 20 cm en bak in een voorverwarmde oven op 180°C/350°F/gasstand 4 gedurende ongeveer 20 minuten tot ze licht gekleurd zijn. Laat iets afkoelen voordat je het in repen snijdt en laat het op de pan volledig afkoelen voordat je het eruit haalt.

Kersen Flapjacks

Maakt 16

75 g boter of margarine

50 g gouden siroop (lichte mais).

100g/4oz/½ kopje zachte bruine suiker

175 g gerolde haver

100 g kersen (gekonfijt), gehakt

Smelt de boter of margarine met de siroop en suiker en meng de havermout en kersen erdoor. Druk in een ingevette bakvorm van 20 cm/8 en bak in een voorverwarmde oven op 180°C/350°F/gasstand 4 gedurende ongeveer 20 minuten tot ze licht goudbruin zijn. Laat iets afkoelen voordat je het in repen snijdt en laat het op de pan volledig afkoelen voordat je het eruit haalt.

Chocolade Flapjacks

Maakt 16

75 g boter of margarine

50 g gouden siroop (lichte mais).

100g/4oz/½ kopje zachte bruine suiker

175 g gerolde haver

100 g chocoladeschilfers

Smelt de boter of margarine met de siroop en suiker en meng de havermout en chocolade erdoor. Druk in een ingevette vierkante vorm (bakplaat) van 20 cm en bak in een voorverwarmde oven op 180°C/350°F/gasstand 4 gedurende ongeveer 20 minuten tot ze licht goudbruin zijn. Laat iets afkoelen voordat je het in repen snijdt en laat het op de pan volledig afkoelen voordat je het eruit haalt.

Fruitige Flapjacks

Maakt 16

75 g boter of margarine

100g/4oz/½ kopje zachte bruine suiker

50 g gouden siroop (lichte mais).

175 g gerolde haver

75 g/3 oz/½ kopje rozijnen, rozijnen of ander gedroogd fruit

Smelt de boter of margarine met de suiker en siroop en roer de haver en rozijnen erdoor. Druk in een ingevette bakvorm van 20 cm/8 en bak in een voorverwarmde oven op 180°C/350°F/gasstand 4 gedurende ongeveer 20 minuten tot ze licht goudbruin zijn. Laat iets afkoelen voordat je het in repen snijdt en laat het op de pan volledig afkoelen voordat je het eruit haalt.

Flapjacks met fruit en noten

Maakt 16

75 g boter of margarine

100 g pure honing

50 g rozijnen

50 g walnoten, gehakt

175 g gerolde haver

Smelt de boter of margarine met de honing op laag vuur. Voeg de rozijnen, noten en haver toe en meng goed. Schep in een ingevette bakvorm van 23 cm/9 vierkant en bak in een voorverwarmde oven op 180°C/350°F/gasstand 4 gedurende 25 minuten. Laat afkoelen op de pan, snij in partjes terwijl het nog warm is.

Gember Flapjacks

Maakt 16

75 g boter of margarine

100g/4oz/½ kopje zachte bruine suiker

50g/2oz/3tbsp gembersiroop uit een pot

175 g gerolde haver

4 stukjes gemberwortel, fijngehakt

Smelt de boter of margarine met de suiker en siroop en roer dan de haver en gember erdoor. Druk in een ingevette vierkante vorm (bakplaat) van 20 cm en bak in een voorverwarmde oven op 180°C/350°F/gasstand 4 gedurende ongeveer 20 minuten tot ze licht goudbruin zijn. Laat iets afkoelen voordat je het in repen snijdt en laat het op de pan volledig afkoelen voordat je het eruit haalt.

Walnoot Flapjacks

Maakt 16

75 g boter of margarine

50 g gouden siroop (lichte mais).

100g/4oz/½ kopje zachte bruine suiker

175 g gerolde haver

100 g gehakte gemengde noten

Smelt de boter of margarine met de siroop en suiker en meng de haver en noten erdoor. Druk in een ingevette vierkante vorm (bakplaat) van 20 cm en bak in een voorverwarmde oven op 180°C/350°F/gasstand 4 gedurende ongeveer 20 minuten tot ze licht goudbruin zijn. Laat iets afkoelen voordat je het in repen snijdt en laat het op de pan volledig afkoelen voordat je het eruit haalt.

Pittige Citroen Shortbread

Maakt 16

100 g bloem (voor alle doeleinden).

100 g boter of margarine, verzacht

75 g poedersuiker (banketbakkerssuiker), gezeefd

2,5 ml/½ theelepel bakpoeder

Een snufje zout

30 ml/2 el citroensap

10 ml/2 tl geraspte citroenschil

Meng de bloem, boter of margarine, poedersuiker en bakpoeder. Druk in een ingevette bakvorm van 23 cm/9 vierkant en bak in een voorverwarmde oven op 180°C/350°F/gasstand 4 gedurende 20 minuten.

Meng de resterende ingrediënten en klop tot het licht en luchtig is. Schep op de hete bodem, verlaag de oventemperatuur tot 160°C/325°F/gasstand 3 en zet nog eens 25 minuten in de oven tot het veerkrachtig aanvoelt. Laat afkoelen en snij dan in vierkanten.

Mokka en kokosnoot vierkant

Maakt 20

1 ei

100 g/4 oz/½ kopje suiker (zeer fijn).

100 g bloem (voor alle doeleinden).

10 ml/2 tl bakpoeder

Een snufje zout

75 ml/5 lepels melk

75 g boter of margarine, gesmolten

15 ml/1 lepel cacao (suikervrije chocolade).

2,5 ml/½ tl vanille-essence (extract)

Voor de bovenkant:

75 g poedersuiker (banketbakkerssuiker), gezeefd

50 g boter of margarine, gesmolten

45 ml/3 lepels hete sterke zwarte koffie

15 ml/1 lepel cacao (suikervrije chocolade).

2,5 ml/½ tl vanille-essence (extract)

25 g gedroogde kokosnoot (geraspt).

Klop de eieren en suiker samen licht en luchtig. Zeef de bloem, het bakpoeder en het zout afwisselend met de melk en de gesmolten boter of margarine. Meng de cacao en vanille-essence erdoor. Schep het mengsel in een ingevette bakvorm van 20 cm/8 vierkant en bak in een voorverwarmde oven op 200°C/400°F/gasstand 6 gedurende 15 minuten tot het goed gerezen en veerkrachtig aanvoelt.

Meng voor de topping de poedersuiker, boter of margarine, koffie, cacao en vanille-essence. Verspreid over warme cake en bestrooi met kokos. Laat afkoelen in de vorm, keer om en snijd in vierkanten.

Hallo Dolly Cookies

Maakt 16

100 g boter of margarine

100 g/4 oz/1 kopje spijsverteringskoekjes

(Graham cracker kruimels

100 g chocoladeschilfers

100 g gedroogde kokosnoot (versnipperd).

100 g walnoten, gehakt

Gecondenseerde melk 400 g/14 oz/1 groot blik

Smelt de boter of margarine en meng de koekkruimels erdoor. Druk het mengsel in de bodem van een ingevette en met folie beklede vorm van 28 x 18 cm / 11 x 7. Bestrooi met de chocoladeschilfers, dan de kokosnoot en ten slotte de noten. Giet de gecondenseerde melk erover en bak in een voorverwarmde oven op 180°C/350°F/gasstand 4 gedurende 25 minuten. Snijd in repen terwijl ze nog warm zijn en laat ze volledig afkoelen.

Kokosrepen met noten en chocolade

Maakt 12

75 g melkchocolade

75 g pure (halfzoete) chocolade.

75 g knapperige pindakaas

75 g crackerkruimels uit Graham

75 g walnoten, geplet

75 g gedroogde kokosnoot (versnipperd).

75 g witte chocolade

Smelt de melkchocolade in een hittebestendige kom boven een pan met kokend water. Verdeel over de bodem van een 23 cm/7 vierkante vorm (pan) en laat opstijven.

Smelt de pure chocolade en pindakaas voorzichtig op laag vuur en roer dan de koekkruimels, noten en kokos erdoor. Verdeel over de gestold chocolade en zet in de koelkast tot het gestold is.

Smelt de witte chocolade in een hittebestendige kom boven een pan met kokend water. Laat de koekjes in een pan vallen en laat ze rusten voordat je ze in repen snijdt.

Walnoot vierkant

Maakt 12

75 g pure (halfzoete) chocolade.

50 g boter of margarine

100 g/4 oz/½ kopje suiker (zeer fijn).

2 eieren

5 ml/1 tl vanille-essence (extract)

75 g bloem (voor alle doeleinden).

2,5 ml/½ theelepel bakpoeder

100 g gehakte gemengde noten

Smelt de chocolade in een hittebestendige kom boven een pan met kokend water. Roer de boter erdoor tot deze gesmolten is en roer dan de suiker erdoor. Haal van het vuur en klop de eieren en vanille-essence los. Zeef de bloem, bakpoeder en noten erdoor. Schep het mengsel in een ingevette bakvorm (bakplaat) van 25 cm doorsnee en bak in een voorverwarmde oven op 180°C/gasstand 4 in 15 minuten goudbruin. Snijd in kleine vierkantjes terwijl ze nog warm zijn.

Oranje walnotenschijfjes

Maakt 16

375 g bloem (voor alle doeleinden)

275 g suiker (zeer fijn).

5 ml/1 theelepel bakpoeder

75 g boter of margarine

2 eieren, losgeklopt

175 ml melk

200 g/7 oz/1 klein blikje mandarijnen, uitgelekt en grof gehakt

100 g walnoten, gehakt

Fijngeraspte schil van 2 sinaasappels

10 ml/2 theelepel gemalen kaneel

Meng 325 g bloem, 225 g suiker en bakpoeder. Smelt 50 g boter of margarine en meng de eieren en melk erdoor. Meng de vloeistof voorzichtig door de droge ingrediënten tot een gladde massa. Spatel de mandarijnen, pecannoten en sinaasappelschil erdoor. Giet in een ingevette en met bakpapier beklede cakevorm van 30 x 20 cm / 12 x 8. Wrijf de resterende bloem, suiker, boter en kaneel door elkaar en strooi over de cake. Bak in een voorverwarmde oven op 180°C/350°F/gasstand 4 in 40 minuten goudbruin. Laat afkoelen in de pan en snijd in ongeveer 16 plakjes.

Het park

Maakt 16 vierkanten

100 g reuzel (bakvet)

100 g boter of margarine

75 g zachte bruine suiker

100 g golden syrup (lichte mais).

100 g bloedworst (melasse)

10 ml/2 theelepels zuiveringszout (baking soda)

150 ml melk

225 g/8 oz/2 kopjes volkoren (volkoren) meel.

225 g haver

10 ml/2 tl gemalen gember

2,5 ml/½ tl zout

Smelt het vet, de boter of margarine, de suiker, de siroop en de kip in een pan. Los de bicarbonaat of soda op in de melk en meng in de pan met de overige ingrediënten. Schep in een ingevette en met bakpapier beklede bakvorm van 20 cm/8 vierkant en bak in een voorverwarmde oven op 160°C/325°F/gasstand 3 gedurende 1 uur tot het stevig is. Het kan er tussendoor zinken. Laat afkoelen en bewaar een paar dagen in een luchtdichte verpakking voordat je hem aansnijdt en serveert.

Pindakaasrepen

Maakt 16

100 g boter of margarine

175 g/6 oz/1¼ kopjes gewone bloem (voor alle doeleinden).

175 g zachte bruine suiker

75 g/3 oz/1/3 kop pindakaas

Een snufje zout

1 klein eigeel, losgeklopt

2,5 ml/½ tl vanille-essence (extract)

100 g pure (halfzoete) chocolade.

50 g gepofte rijstgraangewas

Wrijf de boter of margarine door de bloem tot het mengsel op broodkruimels lijkt. Roer de suiker, 30 ml/2 eetlepels pindakaas en zout erdoor. Giet het eigeel en de vanille-essence erbij en meng tot alles goed gemengd is. Druk in een cakevorm van 25 cm/10 cm. Bak in een voorverwarmde oven op 160°C/325°F/gasstand 3 gedurende 30 minuten tot ze bruin en veerkrachtig aanvoelt.

Smelt de chocolade in een hittebestendige kom boven een pan met kokend water. Haal van het vuur en roer de resterende pindakaas erdoor. Giet de ontbijtgranen erbij en meng goed tot het bedekt is met het chocolademengsel. Laat de cake vallen met een lepel en maak het oppervlak plat. Laten afkoelen, afkoelen en in repen snijden.

Picknick plakjes

Maakt 12

225 g pure (halfzoete) chocolade.

50 g boter of margarine, verzacht

100 g poedersuiker

1 lichtgeklopt ei

100 g gedroogde kokosnoot (versnipperd).

50 g sultana's (rozijnen)

50 g kersen (gekonfijt), gehakt

Smelt de chocolade in een hittebestendige kom boven een pan met zacht kokend water. Giet in de bodem van een ingevette en beklede 30 x 20 cm/12 x 8 Swiss roll pan (jelly pan). Klop de boter of margarine en de suiker tot een licht en luchtig geheel. Voeg geleidelijk het ei toe en meng de kokosnoot, rozijnen en kersen erdoor. Verdeel over de chocolade en bak in een voorverwarmde oven op 150°C/300°F/gasstand 3 in 30 minuten goudbruin. Laat afkoelen en snij dan in repen.

Ananas- en kokosrepen

Maakt 20

1 ei

100 g/4 oz/½ kopje suiker (zeer fijn).

75 g bloem (voor alle doeleinden).

5 ml/1 theelepel bakpoeder

Een snufje zout

75 ml/5 el water

Voor de bovenkant:

200g/7oz/1 klein blikje ananas, uitgelekt en fijngehakt

25 g boter of margarine

50 g/2 oz/¼ kopje suiker (zeer fijn).

1 eigeel

25 g gedroogde kokosnoot (geraspt).

5 ml/1 tl vanille-essence (extract)

Klop het ei en de suiker samen licht en luchtig. Zeef de bloem, bakpoeder en zout afwisselend met het water. Schep in een ingevette en met bloem bestoven vierkante bakvorm van 18 cm/7 en bak in een voorverwarmde oven op 200°C/400°F/gasstand 6 gedurende 20 minuten tot ze goed bruin en elastisch aanvoelt. Lepel de ananas over de warme cake. Verwarm de resterende gistingrediënten in een kleine steelpan op laag vuur, onder voortdurend roeren tot alles goed gemengd is zonder het mengsel te laten koken. Lepel over de ananas en zet de cake dan nog 5 minuten terug in de oven tot de bovenkant goudbruin is. Laat 10 minuten in de vorm afkoelen en leg ze dan op een rooster om af te koelen voordat je ze in repen snijdt.

Taart met pruimengist

Maakt 16

15 g/½ oz verse gist of 20 ml/4 eetlepels droge gist

50 g/2 oz/¼ kopje suiker (zeer fijn).

150 ml warme melk

50 g boter of margarine, gesmolten

1 ei

1 eigeel

250 g/9 oz/2¼ kopjes bloem (voor alle doeleinden).

5 ml/1 theelepel fijngeraspte citroenschil

675 g pruimen, in vieren gesneden en ontpit (gedoopt)

Icing (banketbakkers) suiker, gezeefd, om te bestuiven

Gemalen kaneel

Meng de gist met 5 ml/1 el suiker en een beetje warme melk en laat 20 minuten op een warme plaats schuimen. Klop suiker en resterende melk met gesmolten boter of margarine, ei en eigeel. Meng de bloem en de citroenrasp in een kom en maak een kuiltje in het midden. Klop geleidelijk het gistmengsel en het eimengsel erdoor tot een zacht deeg. Klop tot het deeg heel glad is en er zich belletjes op het oppervlak beginnen te vormen. Druk voorzichtig in een ingevette en met bloem bestoven bakvorm van 25 cm/10 vierkant. Leg de pruimen dicht bij elkaar bovenop het deeg. Dek af met geoliede vershoudfolie (plasticfolie) en laat 1 uur op een warme plaats staan tot het volume verdubbeld is. Plaats in een voorverwarmde oven op 200°C/400°F/gasstand 6, verlaag dan onmiddellijk de oventemperatuur tot 190°C/375°F/gasstand 5 en bak gedurende 45 minuten. Verlaag de oventemperatuur weer naar 180°C/350°F/gasstand 4 en bak nog eens 15 minuten goudbruin. Bestuif de cake met poedersuiker en kaneel terwijl hij nog heet is, laat hem afkoelen en snijd hem in vierkanten.

Amerikaanse pompoenrepen

Maakt 20

2 eieren

175 g suiker (zeer fijn).

120 ml olie

225 g gekookte pompoen, in blokjes

100 g bloem (voor alle doeleinden).

5 ml/1 theelepel bakpoeder

5 ml/1 theelepel gemalen kaneel

2,5 ml/½ theelepel zuiveringszout (baking soda)

50 g sultana's (rozijnen)

Roomkaas roomkaas

Klop de eieren tot ze zacht en luchtig zijn, klop dan de suiker en olie erdoor en roer de pompoen erdoor. Klop de bloem, bakpoeder, kaneel en bakpoeder erdoor tot alles goed gemengd is. Roer de rozijnen. Schep het mengsel in een ingevette en met bloem bestoven 30 x 20 cm/12 x 8 Swiss roll tin (jelly tin) en bak in een voorverwarmde oven op 180°C/350°F/Gas 4 gedurende 30 minuten tot een spies erin zit. in het midden komt het er schoon uit. Laat afkoelen, besmeer met roomkaas en snijd in repen.

Repen met kweepeer en amandelen

Maakt 16

450 g kweepeer

50 g reuzel (bakvet)

50 g boter of margarine

100 g bloem (voor alle doeleinden).

30 ml/2 el suiker (superfijn).

Ongeveer 30 ml/2 eetlepels water

Voor de vulling:

75 g boter of margarine, verzacht

100 g/4 oz/½ kopje suiker (zeer fijn).

2 eieren

Enkele druppels amandelessence (extract)

100 g gemalen amandelen

25 g bloem (voor alle doeleinden).

50 g geschaafde (gehakte) amandelen.

Schil, ontpit en snijd de kweepeer in dunne plakjes. Doe in een pan en bedek net met water. Breng aan de kook en laat ongeveer 15 minuten sudderen tot ze gaar zijn. Giet het overtollige water af.

Wrijf het vet en de boter of margarine door de bloem tot het mengsel op broodkruimels lijkt. Roer de suiker erdoor. Voeg genoeg water toe om een zacht deeg te maken, stort het op een licht met bloem bestoven oppervlak en gebruik het om de bodem en zijkanten van een 30 x 20 cm/12 x 8 Swiss roll tin (jelly pan) te bekleden. Prik overal in met een vork. Verdeel de kweepeer met een schuimspaan over de noedels.

Roer de boter of margarine en de suiker tot een romig geheel en klop er dan geleidelijk de eieren en amandelessence door. Spatel de gemalen amandelen en bloem erdoor en lepel over de kweepeer. Strooi de geschaafde amandelen erover en bak in een voorverwarmde oven op 180°C/gasstand 4 in 45 minuten stevig en goudbruin. Snijd in vierkanten als ze afgekoeld zijn.

Druivenrepen

Maakt 12

175 g rozijnen

250 ml/8 ml oz/1 kopje water

75 ml/5 el olie

225 g suiker (zeer fijn).

1 lichtgeklopt ei

200 g bloem (voor alle doeleinden).

1,5 ml/¼ theelepel zout

5 ml/1 theelepel zuiveringszout (baking soda)

5 ml/1 theelepel gemalen kaneel

2,5 ml/½ theelepel gemalen nootmuskaat

2,5 ml/½ el gemalen kruiden

Een snufje gemalen kruidnagel

50 g/2 oz/½ kopje chocoladeschilfers

50 g walnoten, gehakt

30 ml/2 eetlepels poedersuiker (banketbakkers), gezeefd

Breng de rozijnen en het water aan de kook, voeg dan de olie toe, haal van het vuur en laat iets afkoelen. Meng de suiker en het ei. Meng de bloem, het zout, de baksoda en de kruiden door elkaar. Roer het rozijnenmengsel erdoor en roer dan de chocolade en noten erdoor. Schep in een ingevette vierkante vorm van 30 cm en bak in een voorverwarmde oven op 190°C/375°F/gasstand 5 gedurende 25 minuten tot de cake begint te krimpen van de zijkanten van de vorm. Laat afkoelen alvorens te bestrooien met poedersuiker en in repen te snijden.

Havermoutvierkant met frambozen

Maakt 12

175 g boter of margarine

225 g zelfrijzend bakmeel

5 ml/1 lepel zout

175 g gerolde haver

175 g suiker (zeer fijn).

300 g frambozen uit blik, uitgelekt

Wrijf de boter of margarine door de bloem en het zout en meng dan de havermout en suiker erdoor. Druk de helft van het mengsel in een ingevette bakvorm van 25 cm/10 vierkant. Verdeel de frambozen erover en bedek met het resterende mengsel en druk ze goed aan. Bak in een voorverwarmde oven op 200°C/400°F/gasstand 6 gedurende 20 minuten. Laat iets afkoelen in de pan voordat u in vierkanten snijdt.

www.ingramcontent.com/pod-product-compliance
Lightning Source LLC
Chambersburg PA
CBHW050021130526
44590CB00042B/1527